KB205981

마음근육을 키우는
심리 스트레칭

다바르

머리말

창의성이란 말을 어느 때 보다 많이 듣고 있는 시대입니다. 그런데 다들 영상매체에 빠져 있는 모습을 보게 됩니다. 대중교통을 이용하다 보면 어느 연령대나 동일하게 스마트폰으로 세상을 구경하고 있습니다. 미래를 미리 보여주는 영화들은 기계의 지배 아래 살아가는 인간들의 모습을 묘사하고 있습니다. 특히 현대인들은 생각하기 귀찮아한다는 것입니다. 가장 합리적인 것을 결정해 주면 따라가는 것을 선호하며, 자신이 스스로 선택해야 하는 일들에 대해서는 엄청난 스트레스를 겪고 있습니다.

파스칼은 '인간은 생각하는 갈대'라고 하면서, 인간의 연약함과 위대함을 상기시켰습니다. 그러나 이제는 더 이상 생각하기를 거부하는 인간들로 넘쳐나는 시대가 되었습니다.

생각하는 것은 인간이 가진 특별한 능력입니다. 뇌과학이 발달하면서 생각만으로 신체를 변화시키고, 그 보다 더 큰 일을 해낼 수 있는 가능성을 열어가고 있습니다. 이 책은 생각하는 힘을 길러줍니다.

기본적으로 이 책은 심리상담의 영역에 있는 책입니다. 그리고 독자들이 자신들의 왜곡된 사고에 갇혀서 막다른 길을 만나고, 더 이상 생각이 확장되지 않을 때에 필요한 책입니다.

내담자들은 크고, 작은 불편감을 가지고 상담자인 필자를 찾아왔습니다. 내담자들을 대면하면서 그들의 말을 들어주는 것만으로도 상담의 효과가 있는 것을 경험했습니다. 그러나 자기 스스로 할 수 있는 것이 극히 제한되어 있다는 것을 알았습니다. 심리 스트레칭은 혼자 할 수 있는 치료법입니다. 심리 스트레칭은 왜곡된 생각의 변화와 마음의 평안과 신체적인 변화까지도 일어나는 치료의 단계까지 나아갈 수 있는 가능성을 제시합니다.

이 책은 일반인들이 쉽게 자신에게 적용할 수 있도록 했습니다. 1부는 상담 현장에서 심리 스트레칭을 어떻게 하는지를 보여주는 샘플이며, 이것은 읽는 것으로 적용을 할 수 있습니다. 2부는 독자들이 심리 스트레칭의 이해와 적용을 더 깊이 할 수 있는 이론을 간략하게 설명하였습니다. 3부는 필자가 마음과 인간관계에 대한 담론을 서술한 글입니다. 4부는 어른들을 위한 동화로 생각하는 시간을 가지게 합니다.

아무쪼록 이 책이 독자들로 하여금 생각하는 훈련을 하는 기회가 되기를 바라며, 더 나아가 자신의 심리적인 불편감을 해소해 나가는 기회가 되기를 바랍니다. 또한 동료 심리상담가들에게도 참고가 될 자료가 되기를 원합니다.

마지막으로 '마음 근육을 키우라'는 말을 들어본 적은 있지만, 지식을 쌓는 것으로 마음 근육이 키워지는 것은 아닙니다. 스트레칭을 통하여 신체의 근육을 키우듯이, 심리 스트레칭을 경험함으로 마음 근육을 키우시기 바랍니다.

이 책이 나오도록 지지해 주신 다바르출판사의 임경묵사장님과 자신의 이야기를 허락해 주신 내담자들에게 감사를 드립니다.

책 사용법

1. 첫 페이지부터 읽지 않아도 됩니다.

2. 목차를 보고 주제별로 관심 있는 글을 먼저 읽으세요.

3. 읽은 다음에 적용해 보기를 원한다면, 관심 주제의 글을 자신의 이야기처럼 시연을 합니다.

4. 주제의 글과 자신의 이야기는 다릅니다. 한 번 더 시연하실 때에는 자신의 구체적인 이야기를 들어서 시연합니다.

5. 시연을 하기 전에는 먼저 편안한 자리를 먼저 마련해야 합니다. 몸의 편안함과 마음이 편안한 자리를 찾으시기 바랍니다.

6. 시연을 하기 전에 자신의 감정을 글로 적으시고, 시연이 끝난 다음에도 자신의 감정을 적어서 비교해 보세요. 자신의 감정을 알아차리는 것은 대처 방법을 찾을 수 있는 기회입니다.

7. 대화의 문장이 단순할 수 있지만, 적어도 2~5분이 소요됩니다. 말을 하는 시간과 상대를 기다려주는 시간이 있다는 것을 기억하시기 바랍니다. 그래서 읽을 때에도 단숨에 읽지 마시고 여유를 주시기 바랍니다. 기왕이면 내용을 읽으실 때에 내담자의 감정을 자신도 느껴보거나 상상하는 것도 좋습니다. 이런 것을 공감능력이라고 부릅니다.

8. 대화의 내용은 단순화시킨 것입니다. 개인의 정보가 들어있지 않도록 최소한으로 줄여 놓았습니다.

9. 대화를 이끄는 사람을 상담사라고 부르며, 불편감을 가지고 오신 분을 내담자라고 부릅니다.

10. 1부의 심리 스트레칭의 적용은 이와 같이 합니다.

   ① 본문을 읽기 전에 호흡하기, 자신의 감정을 적기
   ② 관심 주제부터 찾기
   ③ 본문 읽기
   ④ 설명란 읽기
   ⑤ 다시 읽기를 하며, 감정을 상상해 보기
   ⑥ 읽고 난 후에 자신의 감정을 적기
   ⑦ 자신의 문제를 대입시켜 본문을 다시 읽기
   ⑧ 자신의 감정 상태 적기
   ⑨ 자신의 문제를 상기시키면서 심리 스트레칭을 하기 전의 자신의 감정과 비교하기

목차

맺음말

1부
심리 스트레칭 시연

직장 동료들로부터 미움을 받아요

상담사: 눈을 감고 길게 호흡을 해 보세요. 그리고 안전한 자리를 생각해
보세요. 어디에 있다고 생각하시면 편안할까요?

내담자: 흰 구름에 누웠는데 편안합니다.

상담사: 누구와 함께 있기를 원합니까?

내담자: 친구를 불러서 함께 먹고 놀고 있습니다.

상담사: 아내를 불러서 함께 놀러 가세요. 구름을 타고 이주하고자 했던 영
국으로 가 보세요.

내담자: 아내와 함께 손을 잡고, 구름을 타고 날아다닙니다. 갑자기 구름이
먹구름으로 변했어요. 번개와 천둥이 치고 있어요.

상담사: 선생님이 타고 계시는 흰 구름과 먹구름을 분리하세요. 그리고 먹
구름에 비를 내리게 하세요.

내담자: 먹구름이 너무 커서 작아지지 않아요.

상담사: 먹구름에 비를 내리라고 명령하세요.

내담자: 먹구름이 점점 작아져서 회색 구름이 되었어요. 지금은 구름이 없어졌어요.

상담사: 그럼, 지금 어디에 있나요?

내담자: 뭉게구름을 타고 편안하게 다니고 있습니다.

상담사: 어떤 느낌이 드시나요?

내담자: 편안합니다.

설명 내담자는 처음에 타인에 대한 미움을 구름에 비유하며 감정을 치환하고 있습니다. 타인을 나쁜 사람으로 판단하는 것을 꺼려하며, 자신도 나쁜 사람이 되지 않기 위해 노력하고 있습니다. 자신을 위협하던 요소들이 사라지면서 점차 안정감을 되찾았지만, 취업에 대한 자신감이 낮아 이력서를 제출하지 않았습니다. 상담과 심리 스트레칭을 통해 재취업을 시도했고, 결국 성공적으로 재취업에 성공했습니다.

놀이터를 생각하면
화가 나요

상담사: 선생님께서 어디에 계신다고 생각하시면 편안하시겠습니까?

내담자: 거실에 있는 소파요.

상담사: 네, 거실의 소파에 앉아있는 자신을 생각해 보세요. 감정은 어떤가요?

내담자: 편안합니다.

상담사: 이제, 장면을 놀이터로 옮겨 보겠습니다.

내담자: 놀이터 벤치에 앉아 있어요.

상담사: 다른 아이가 선생님의 아이를 밀치는 것을 보고 계시나요?

내담자: 네, 화가 나요.

상담사: 밀치는 아이에게 해 주고 싶은 말이 있나요?

내담자: '그러면 안 되지, 그러지 마'라고 했어요.

상담사: 아이는 어떻게 하고 있습니까?

내담자: 울고 있어요.

상담사: 아이의 엄마는 어떻게 하고 있나요?

내담자: 저를 쳐다보고 있어요. 그다음 날에 만나는데 인사를 안 해요.

상담사: 네, 다시 놀이터로 돌아갑니다. 우는 아이에게 '미안하다'라고 말
　　　　해보세요.

내담자: 미안하다. 억울한 표정을 하고 있어요.

상담사: 아이의 엄마는 어떻게 하고 있나요?

내담자: 그냥 나를 쳐다보고 있어요. 다음 날에 만나는데 인사를 안 해요.

상담사: 네, 다시 놀이터로 돌아갑니다. 우는 아이에게 안아주면서 미안하
　　　　다고 해 보세요.

내담자: 네, 안아주고 미안하다고 했어요.

상담사: 아이의 엄마는 어떻게 하고 있나요?

내담자: 무슨 일인가 하고 보고 있어요.

상담사: 그다음 날에 아이의 엄마를 만납니다. 어떤가요?

내담자: 평상시처럼 인사를 하네요.

상담사: 선생님의 얼굴 표정은 어떤가요?

내담자: 얼굴이 밝아지고 있어요.

상담사: 마음은 어떠세요?

내담자: 편안합니다.

설명　보호자는 놀이터에서 자신의 자녀가 다른 아이들에게 무시당하는
모습을 보았습니다. 한 마디 하고 싶었지만, 다른 아이들의 부모와
갈등을 피하기 위해 참았습니다. 그러나 심리 스트레칭을 통해 말

하지 못했던 것을 표현함으로써 답답함을 해소할 수 있었습니다. 또한 자녀를 안아주며 좋은 관계를 유지하려는 의지를 보였고, 심리 스트레칭을 마친 후에는 당시 상황에 대해 좀 더 편안하게 이야기할 수 있었습니다.

마음 근육을 키우는 심리 스트레칭

다른 사람에게
말을 할 때에
실수할까봐 조심하게 되요

상담사: 눈을 감고 호흡을 하세요. 어디에 있다고 생각하면 편안할까요?

내담자: 어디든지 혼자 있는 곳이면 좋아요.

상담사: 어느 한 곳을 정해볼까요?

내담자: 방에 혼자 앉아 있는 것이 좋겠어요.

상담사: 네, 선생님의 얼굴 표정은 어떠세요?

내담자: 멍하니 앉아 있어요.

상담사: 그럼, 방에 멍하니 앉아있는 자신에게 괜찮아라고 말해보세요.

내담자: 괜찮아.

상담사: 어떠세요?

내담자: 외로워서 우두커니 앉아있는 것 같아요.

상담사: 네, 외로움을 느끼면서 앉아 있는 자신에게 또 다른 내가 다가가서 안아주세요.

내담자: 네.

상담사: 어떠세요?

내담자: 네, 좀 덜 외로워하는 것 같아요.

상담사: 한 번 더 괜찮아라고 말하면서 안아주세요.

내담자: 네, 조금 덜 해진 것 같아요.

상담사: 한 번 더 반복할까요?

내담자: 네, 편안해진 것 같아요.

상담사: 이제는 고1 때의 자기 모습을 상상해 보세요. 어디에 있을까요?

내담자: 학교에서 쉬는 시간에 책상에 앉아있어요.

상담사: 표정은 어떤가요?

내담자: 흐릿하게 보이고, 슬프고 불편해하는 것 같아요.

상담사: 그럼, 선생님께서 고1 옆에 가서 앉아서 괜찮아라고 말해주세요.

내담자: 괜찮아.

상담사: 어떠세요?

내담자: 좀 괜찮아졌어요.

상담사: 한 번 더 할까요?

내담자: 많이 좋아졌어요.

상담사: 얼굴을 보세요. 어떤가요?

내담자: 얼굴이 선명하게 보이고, 편안하게 보여요.

상담사: 한 번 더 할까요?

내담자: 행복하게 보이고, 웃으려고 해요.

상담사: 그럼, 고1을 데리고 밖으로 나가 볼까요? 어디로 갈까요?

내담자: 운동장이요.

상담사: 어떻게 할까요?

내담자: 스탠드에 앉아서 운동장을 바라보고 있어요.

상담사: 그럼, 서로에게 주고받고 싶은 말을 해보세요.

내담자: 고1에게 걱정하지 마라, 다 잘될 거라고 얘기해요. 그리고 고1이
저에게 고맙다고 해요.

상담사: 네, 지금 마음은 어떠세요?

내담자: 위로가 되고, 응어리가 있었다는 것을 알게 되었어요.

설명 내담자는 첫 학기를 맞아서 친분이 있는 친구가 없는 상태에서 은
근히 따돌림을 받았습니다. 현재에도 말을 할 때에 실수할까 봐 주
저하는 모습이 있었습니다. 심리 스트레칭을 하고 난 후에 확연히
발견했던 것은 말을 할 때에 입에 손을 갖다 대는 모습이 있었는데,
이후에는 손이 입에서 멀어졌습니다. 내담자의 과거 상처를 돌이켜
보는 것은 재외상을 입을 수 있습니다. 그럼에도 불구하고 내담자
에게 주도권을 넘겨주면 경계를 잘 설정할 수 있습니다.

헤어진 여자 친구에게
아쉬움이 있습니다

상담사: 깊게 호흡을 합니다. 눈을 감으시고 한 번 호흡을 하세요. 편안한 자리를 상상해 보세요.

내담자: 여자 친구와 만났던 강가에 서 있습니다.

상담사: 주변을 둘러보세요. 무엇이 보이나요?

내담자: 사람들이 보이고, 여자 친구가 걸어오는 것이 보입니다.

상담사: 선생님의 마음은 어떤가요?

내담자: 조금 긴장이 되고 설레기도 합니다.

상담사: 그럼, 여자 친구가 좀 더 가까이 오도록 상상해 보세요.

내담자: 네, 가까이 왔습니다.

상담사: 먼저 인사를 하시지요.

내담자: 네, 잘 있었냐고 말했습니다.

상담사: 어떤 감정이 느껴지시나요?

내담자: 긴장이 되면서 속이 상하고, 여자 친구가 안타깝게 여겨집니다.

상담사: 여자 친구가 하는 말을 들어보세요.

내담자: 자기도 잘 지내고 있다고 말합니다.

상담사: 그 말을 듣는 선생님의 마음은 어떤가요?

내담자: 좀 편안해졌습니다.

상담사: 편안해진 이유가 뭘까요?

내담자: 걱정을 하고 있었던 것 같습니다.

상담사: 여자 친구에게 작별 인사를 하세요.

내담자: 여자 친구가 멀어져 가고 있습니다.

상담사: 선생님의 마음은 어떠신가요?

내담자: 마음 편하게 보내줄 수 있을 것 같습니다.

상담사: 그 여자 친구는 어떻게 하고 있나요?

내담자: 자기 길을 가고 있습니다.

상담사: 선생님의 마음은 어떠신가요?

내담자: 담담합니다.

상담사: 담담함이란 무엇일까요? 좀 더 자세히 말해 주시겠어요.

내담자: 떠나보낼 수 있을 것 같습니다.

설명 내담자는 헤어진 여자 친구에 대한 미련과 애틋함으로 인해 그녀를 잊지 못하고 있습니다. 이로 인해 사랑의 감정이 정리되지 않아 일에 집중하는 데 어려움을 겪고 있습니다. 스스로 관계를 정리하는 말을 하게 함으로써 자신의 감정을 돌아보고 명확히 정리할 수 있었습니다.

면접을 보는 것이
두려워요

상담사: 눈을 감고 긴 호흡을 합니다. 면접을 보는 장면을 상상해 보겠습니다.

내담자: 면접장 대기실에 앉아 있는데, 긴장이 되고 불안합니다.

상담사: 긴 호흡을 한 번 더 합니다.

내담자: 네, 면접장에 들어갑니다.

상담사: 실제 면접장에서는 있을 수 없는 일이지만, 상상으로 합니다. 면접관들에게 다가가서 인사를 하고, 악수를 청합니다. 어떠세요?

내담자: 한결 마음이 긴장이 풀려요.

상담사: 어떠세요. 말을 편하게 할 수 있을까요?

내담자: 아직 긴장하고 있는 것 같아요.

상담사: 한 번 자리에서 일어나서 면접관들과 인사를 나눕니다.

내담자: 면접관 3명인데, 그중에 한 명은 여성이에요.

상담사: 지금 마음은 어떠세요?

내담자: 아직 긴장이 남아있어요.

상담사: 다시 한번 더 면접관에게 다가가서 인사를 나눕니다.

내담자: 네, 이제 편안해졌어요.

상담사: 면접은 어떻게 진행되고 있나요?

내담자: 편안하게 말하고 있는 것 같아요.

설명 내담자는 재취업에 대한 불안으로 인해 이력서를 제출하지 못하고 있었습니다. 이는 대인관계에 대한 불안이 면접관에 대한 두려움으로 옮겨간 것으로 보입니다. 직접적인 대인관계가 어려워 간접적인 방법을 사용해 몸의 긴장감을 줄이는 연습을 했습니다. 긴장이 느껴질 때 그 감각을 알아차리고 이완을 연습하며, 점차 긴장감을 줄여나가는 훈련을 진행했습니다.

집 밖에서 에너지를 다 쓰고 들어옵니다

상담사: 눈을 감고 긴 호흡을 합니다. 선생님이 생각하는 안전한 공간을 상
　　　　상해 보세요.

내담자: 안방의 이불속에 누워있습니다.

상담사: 몸의 감각을 느껴보세요.

내담자: 편안합니다.

상담사: 스스로에게 질문을 해 봅니다. "왜 나는 밖에서 에너지를 다 쓰고
　　　　들어올까?"

내담자: 왜 나는 밖에서 에너지를 다 사용할까?

상담사: 어떤 생각이 떠 오르나요?

내담자: 다른 사람에게 인정을 받고 싶다고 합니다. (웃음)

상담사: 인정을 받으려는 이유는 뭘까요?

내담자: 사실은 비난을 받기 싫은 것 같아요. 내가 있는 자리에 맞는 일을
　　　　해 낼 줄 알아야 비난받지 않기 때문입니다.

상담사: 그리고 또 다른 이유가 있을까요?

내담자: 다른 사람에게 보이는 이미지가 중요하고, 안정적인 것을 보여주어야 합니다.

상담사: 선생님께서 그렇게 하는 이유가 뭘까요?

내담자: 능력 있는 사람이 되고 싶은 것 같습니다.

상담사: 능력을 가진 자신이 된다면 어떤 모습을 하고 있을까요?

내담자: 좀 더 당당하고, 옷도 세련되게 입을 것 같습니다.

상담사: 선생님이 원하는 모습으로 상상해 보세요

내담자: 네, 그렇게 하고 있어요.

상담사: 원하는 모습을 상상할 때에 마음은 어떤가요?

내담자: 뿌듯하고 자신감이 넘칩니다.

설명 내담자는 직장에서 최선을 다하고, 집에 돌아오면 탈진하는 상태에 있습니다. 비록 목적 있는 삶을 살고 있지만, 자신을 돌보지 않아 점점 지쳐가고 있습니다. 내면의 욕구가 명확하지 않으면 아무리 열심히 일해도 원하는 결과를 얻기 어렵습니다. 목적을 명료하게 하고, 그에 맞는 행동을 함으로써 목표에 더 가까이 다가갈 수 있도록 돕고자 했습니다.

짜증, 불안,
화가 있어요

상담사: 숨을 들이쉬고 입으로 내뱉으세요. 눈을 감고 편안한 장소를 생각
　　　　합니다.

내담자: 거실의 소파에 앉아 있어요.

상담사: 마음에 어떤 감정이 느껴지시나요?

내담자: 짜증, 불안, 화가 있어요.

상담사: 짜증이 어떻게 생겼는지 모양을 만들어 볼까요?

내담자: 짜증은 복잡한 회로처럼 생겼어요. 검정색이에요.

상담사: 어떻게 처리하면 될까요?

내담자: 글쎄요. 어떻게 해야 할지 모르겠어요.

상담사: 회로의 양쪽 끝을 잡고 쭉 잡아당기면 어떨까요?

내담자: 네.

상담사: 그럼, 그렇게 해보세요.

내담자: 했어요. 짜증을 펼 수 있다는 생각을 못했어요.

상담사: 혹시 다른 방법으로 해결해 볼까요?

내담자: 글쎄요. 모르겠어요.

상담사: 가위로 자르면 어떨까요?

내담자: 네, 좋아요. 가위로 자른다는 생각을 못했어요.

상담사: 가위로 짜증을 자릅니다. 어떠세요?

내담자: 시원해요.

상담사: 그럼, 이제 불안과 화도 모양을 만들어 보세요.

내담자: 불안도, 화도 회로 모양에 검정색이에요.

상담사: 어떻게 할까요?

내담자: 똑같이 가위로 자를게요.

상담사: 네, 어떠세요.

내담자: 시원해요.

상담사: 그다음에는 어떻게 할까요?

내담자: 불에 태울래요.

상담사: 네, 불에 태워보세요.

내담자: 잘 안타요.

상담사: 네, 그럼 기름을 부어보세요.

내담자: 불꽃이 보이지만 잘 타는 것 같지 않아요.

상담사: 그럼 용암에 넣어버릴까요?

내담자: 네, 용암에 넣었어요.

상담사: 어떠세요?

내담자: 짜증이 나면 지워야 한다고만 생각했지 자른다는 생각은 하지 못
했어요.

상담사: 지금 마음은 어떠세요.

내담자: 시원하고 개운해요.

설명 내담자는 자녀들에 대한 불만족이 생길 때마다 훈육을 하다가 화
가 나곤 했습니다. 사랑에서 비롯된 마음이었지만, 자녀들에 대한
걱정과 불안으로 인해 답답함을 느꼈습니다. 짜증, 불안, 화는 결국
같은 원인에서 비롯된 것이었습니다. 자신의 마음을 변화시키려는
노력은 있었지만 마땅한 방법을 찾지 못해서 어려움을 겪었습니다.
그래서 심리 스트레칭을 통해 불만을 '지우는 것'에서 '자르는 것'
으로 전환하게 되었고, 그 결과 시원함과 개운함을 느끼게 되었습
니다.

딸을 생각하면
불안해요

상담사: 눈을 감고 긴 호흡을 합니다. 선생님께서 편안하게 생각하시는 자
리를 생각해 보세요.

내담자: 거실에 앉아서 책을 보고 있습니다.

상담사: 마음은 어떠세요?

내담자: 편안합니다.

상담사: 딸은 어디에 있나요?

내담자: 딸도 사회복지사가 되기 위하여 공부를 하고 있습니다.

상담사: 딸의 표정은 어떤가요?

내담자: 무척 밝습니다.

상담사: 딸을 바라보는 선생님의 표정은 어떤가요?

내담자: 저도 편안하게 딸을 바라보고 있습니다.

상담사: 딸의 건강한 모습, 성공한 모습을 상상해 보세요.

내담자: 책임감 있고, 성실하게 직장생활을 하고 있습니다.

상담사: 더 말씀해 주세요.

내담자: 돈도 벌어서 엄마를 편하게 모시겠다고 하네요.

상담사: 선생님의 마음은 어떠세요?

내담자: 편안합니다.

설명 내담자인 엄마는 신경정신과 약을 복용하는 딸의 행동을 지켜보며 늘 걱정을 하고 있었습니다. 딸이 건강하여 마음놓고 생활할 수 있기를 바라고 있었습니다. 긴장을 낮추기 위해, 자신이 좋아하는 책을 읽는 시간과 딸이 함께 공부하는 장면을 상상하며 마음의 안정을 찾았습니다. 이를 통해 서로에 대한 공감과 신뢰를 쌓는 경험을 했고, 이러한 과정이 딸에 대한 염려와 긴장을 완화시켰습니다. 결국 딸을 믿고, 내담자는 직장에 취업할 수 있었습니다.

아들이
걱정됩니다

상담사: 의자에 편한 자세를 취하시고, 깊게 숨을 쉬세요. 눈을 감고 아들을 생각해 보세요.

내담자: 조그맣고 초라한 아이가 생각나요.

상담사: 아드님이 몇 살 때로 보이세요?

내담자: 7살처럼 보여요.

상담사: 아들이 어떤 모습을 하고 있나요?

내담자: 어두운 곳에 불안해하고 있어요.

상담사: 실제로 그런 적이 있나요?

내담자: 맞벌이를 하느라 아이를 잘 돌보지 못했어요.

상담사: 네, 그러셨군요. 지금 상상하는 아이에게 할 말이 있나요?

내담자: 미안하다. 잘 못 해줘서 미안해.

상담사: 실제로 지금의 아들 모습은 어떤가요?

내담자: 자기 직장을 가지고, 결혼해서 잘 살고 있어요.

상담사: 그럼, 7살 아이에게 격려의 말을 해 보세요.

내담자: 아들아, 걱정하지 말고 지금처럼 잘 살아. 엄마가 다 알아서 할게.

상담사: 아들이 잘 살고 있는데, 왜 엄마가 다 알아서 한다고 하시나요?

내담자: 그래도, 아들이니까. 옛날에 못 해줬으니까요.

상담사: 비록 그렇다고 하더라도, 지금은 잘 살고 있잖아요.

내담자: 네.

내담자: 아들에게 칭찬의 말을 해주세요.

내담자: 아들아, 잘하고 있어요. 고마워.

상담사: 현재의 아들을 생각해 보시고, 어떻게 보이는지 말씀해 보세요.

내담자: 아들이 스스로 자기 일을 잘하고 있는 것 같아요.

상담사: 선생님의 마음은 어떠신가요?

내담자: 편안합니다.

설명 내담자는 이미 성년이 된 아들이 여전히 아이처럼 보입니다. 과거에 아들에게 미안했던 마음이 치유되지 않아 계속해서 그 마음의 빚을 갚으려 하고 있습니다. 내담자는 자신의 삶과 아들의 삶을 분리하여 경계를 명확히 하고, 자신의 삶을 살아가는데 초점을 맞추었습니다. 아들의 능력을 믿고, 걱정과 염려를 점차 낮추게 되었습니다.

언니와 전화 통화도
하고 싶지 않아요

상담사: 긴 호흡을 하시고, 눈을 감으세요. 편안한 자리를 상상해 보세요. 어디가 생각나세요?

내담자: 거실의 소파에 앉아 있어요.

상담사: 네, 좋습니다. 언니를 생각할 때에 생각나는 장면이 있나요?

내담자: 학교 들어가기 전인데, 언니가 풀을 뽑아서 김치를 담그는 소꿉놀이를 했어요.

상담사: 네, 그 장면으로 들어가 볼까요?

내담자: 네.

상담사: 네, 언니와 어떻게 하고 있나요?

내담자: 언니가 나를 노려보고 있어요.

상담사: 선생님은 무엇을 하고 있나요?

내담자: 언니가 소꿉놀이를 하고 있는 것을 구경하고 있어요. 저 자리에 끼고 싶지 않아요. 저 성질머리에 어떤 말이라도 할 것 같아요. 언니가 내 머리를 고무줄을 묶어 줄 때에 억지로 잡아당겨서 '악' 소리

가 날 정도로 아프게 하고, 자기 성질을 못 이겨서 그냥 학교로 간 적도 있어요.

상담사: 네, 속이 많이 상했겠어요.

내담자: 네.

상담사: 상상 속에 언니는 소꿉놀이를 어떻게 하고 있나요?

내담자: 동네 아이들과 함께 웃고 있어요.

상담사: 네, 언니가 선생님을 돌아보고 하는 말을 들어 보세요.

내담자: 자기에게 오라고 하네요.

상담사: 네, 언니도 동생을 생각했나 보네요.

내담자: 그랬나 봐요.

상담사: 네, 언니에게 다가가서 선생님께서 먼저 언니의 머리를 좀 빗어주면 어떨까요?

내담자: 네, 언니 머리카락을 빗어 주고 있어요.

상담사: 언니의 기분이 어떻게 느껴지나요?

내담자: 좋아 보여요. 언니가 고마워하며 울고 있어요.

상담사: 선생님의 마음은 어떠세요?

내담자: 흐뭇해요.

설명 내담자는 언니의 투박한 말투와 무시하는 언행으로 인해 마음이 불편했습니다. 관계를 회복하려고 먼저 손을 내밀었지만, 언니의 말

에 다시 상처를 받았습니다. 내담자는 언니와 잘 지내고 싶은 마음
도 있지만, 더 이상 거절당하고 싶지 않은 마음도 있습니다. 심리
스트레칭을 통해 언니에 대한 이미지를 바꾸면서, 좀 더 부드럽게
언니에게 접근할 마음의 기회를 얻게 되었습니다.

돌아가신 아버지를
생각하면 너무 힘이 들어요

상담사: 눈을 감고 깊은 숨을 쉬세요. 선생님께서 가장 편안해하시는 자리
　　　　를 생각해 보세요.

내담자: 네, 집에서는 거실 소파에 앉아 있는 것이 가장 편해요.

상담사: 아버지를 상상해 보세요

내담자: 네, 아버지가 그냥 무표정한 얼굴로 서 계세요.

상담사: 좋은 아버지를 상상해 보세요. 무뚝뚝하더라도 친절을 베풀어 주
　　　　셨던 아버지를 상상해 보세요.

내담자: 네, 아버지가 웃고 계시네요.

상담사: 아버지에게 설명을 하세요. 이제는 선생님과 함께 계실 수 없다고
　　　　말하세요.

내담자: 네, 아버지가 알았다고 하시네요.

상담사: 아버지에게 나중에 천국 가서 만나자고 하세요.

내담자: 네, 아버지도 인사를 하고, 잘 있으라고 하네요.

상담사: 선생님의 마음은 어떠세요.

내담자: 아버지를 보내드리니까 편안해요.

설명 내담자는 아버지를 보내드린 천도재 이후 마음이 불편하고, 아버지를 생각하는 것만으로도 눌리는 감정을 느꼈습니다. 심리 스트레칭을 통해 자신의 말로 아버지를 보내드린다고 표현한 후, 일상생활에서 마음이 가벼워지는 것을 경험했습니다. 이전에는 아버지를 생각하지 않으려 해도 자주 떠올랐지만, 심리 스트레칭 이후에는 그 생각이 줄어들고 마음이 편안해졌습니다.

남편이 유리를 깨뜨려서
무서웠어요

상담사: 긴장이 되시죠. 먼저 긴 호흡을 몇 번 하겠습니다.

내담자: (긴장을 하며) 생각하기 싫은데요.

상담사: 그 생각이 하면 괴롭다고 하셨죠. 이번 기회에 도와드리겠습니다.

내담자: 네, 그럼 한 번 해 볼게요.

상담사: 긴 호흡을 한 번 더 하시고, 눈을 감아보세요. 먼저 예수님께서 어
       디 계시는지 찾아보세요.

내담자: 예수님, 어디 계세요?

상담사: 예수님께서 어디에 계시나요?

내담자: 저 멀리 계시네요

상담사: 예수님께 좀 더 가까이 와 달라고 말씀하세요.

내담자: 예수님, 좀 더 가까이 오세요.

상담사: 예수님께서 어디에 계시나요?

내담자: 옆에 계세요.

상담사: 배우자께서 유리를 들고 계시죠?

내담자: 네, 아직 깨뜨리지 않았어요.

상담사: 네, 예수님께서 배우자가 들고 있는 유리를 잡으시도록 요청하세요.

내담자: 네, 예수님께서 유리를 잡으니까, 남편이 조용히 유리를 내려놓네요

상담사: 선생님, 지금의 기분은 어떠신가요?

내담자: 네, 불안하지도 않고 마음이 놓이네요

설명 내담자는 배우자가 집 안에서 기물을 부수는 사건으로 불안과 당황을 경험했습니다. 이로 인해 자동적 사고로 고통을 느끼고, 배우자와의 관계가 틀어지면 과거의 부정적인 생각들이 떠오르며 더욱 불안해졌습니다. 그러나 내담자는 부부 사이에 예수님께서 중재하신다는 믿음을 갖게 되었고, 불안한 마음이 편안함으로 유지하게 되었습니다.

엄마가 말하면
짜증이 납니다

상담사: 눈을 감으시고, 긴 호흡을 합니다. 집에서 가장 편안한 장소를 찾아보세요.

내담자: 네, 내 방에 침대에 누워있어요.

상담사: 엄마는 어디에 계시나요?

내담자: 내 방문 앞에 있어요.

상담사: 엄마가 어떤 모습으로 계시나요?

내담자: 팔짱을 끼고 곧 잔소리를 할 모양입니다.

상담사: 선생님의 마음에 상상력을 발휘합니다. 엄마가 실제로 간식을 가져오신 적은 없지만, 기대하는 바가 있다면 한 번 상상해 보세요.

내담자: 네, 엄마가 그렇게 해 주시는 것을 기대했죠.

상담사: 엄마가 간식을 가지고 방으로 들어오십니다. 어떻게 하시나요?

내담자: 엄마가 말없이 간식을 놓고 나가셨어요.

상담사: 엄마를 부르시고, 감사하고 고맙다는 말을 먼저 해보세요.

내담자: 엄마가 방으로 다시 돌아와서 웃고 나가시네요.

상담사: 마음은 어떠신가요?

내담자: 편안해졌습니다.

설명   내담자는 엄마의 직설적인 언어로 인해 긴장감이 높아졌고, 엄마의 잔소리가 마치 용암처럼 느껴져 큰 스트레스를 받았습니다. 심리 스트레칭을 통해 내담자는 엄마를 덜 위협적인 존재로 인식할 수 있도록 도와주었고, 그 과정에서 엄마에 대한 자신의 욕구를 명료화할 수 있었습니다.

남편이 퇴사하고
집에서 빈둥거리는 것이
보기 싫습니다

상담사: 길게 호흡하시고, 눈을 감으세요. 선생님께서 편안하게 생각하시
는 장소를 찾아보세요.

내담자: 집 앞에 산책길을 걷고 있습니다.

상담사: 네, 선생님은 마음은 어떠신가요?

내담자: 편안하고 즐겁습니다.

상담사: 배우자와 함께 산책하는 것은 어떠신가요?

내담자: 아휴, 싫습니다.

상담사: 그러면 배우자께서 선생님을 지나쳐가는 것을 상상해 보세요.

내담자: 네, 그냥 인사하고 옆을 지나갑니다.

상담사: 무슨 이야기라도 하지 않나요?

내담자: 어디를 갔다 온다고 하네요.

상담사: 멀어져 가는 남편을 한 번 뒤돌아 보시겠어요?

내담자: 좀 측은하게 보이네요.

상담사: 함께 산책하자고 말해보시겠어요.

내담자: 말했는데, 그냥 집에 가겠다고 하네요.

상담사: 네, 선생님께서 남편에게 한 마디 해 주신다면, 뭐라고 해주시겠어요.

내담자: 집에 가서 맛있는 거 해 주겠다고 말했어요

상담사: 선생님의 마음은 어떠세요?

내담자: 편안합니다.

설명 내담자는 배우자가 퇴사한 후 집에만 있으면서 세 끼를 챙겨줘야 하는 어려움에 직면했습니다. 평소에도 말이 없던 배우자를 보며 답답함과 식사를 챙기는 수고로움을 느끼고 있었습니다. 그러나 심리 스트레칭을 통해 내담자는 배우자를 답답한 존재가 아니라 격려가 필요한 사람으로 바라보게 되었고, 그에 따라 자신의 방식으로 격려하려고 노력하게 되었습니다.

엄마를 보면
화가 나요

상담사: 긴 호흡을 하고 눈을 감습니다. 지금 어디에 있습니까?

내담자: 의자에 앉아 있는데, 울고 있어요. 좀 더 울게 나두고 싶어요.

상담사: 예수님을 상상해 봅니다. 어디에 계시나요?

내담자: 인자한 모습으로 나를 내려다 보고 있어요.

상담사: 엄마는 어디에 있나요?

내담자: 세 걸음 앞에 나를 걱정하는 얼굴을 하고 있어요. 그리고 엄마도 울고 있어요.

상담사: 엄마에게 어떻게 해 주기를 원하시나요? 해 보세요.

내담자: 엄마의 등을 두들겨 주니까 얼굴이 밝아졌어요.

상담사: 엄마는 선생님에게 어떤 분인가요?

내담자: 성실하고 착한 사람, 일을 잘하는 사람이에요.

상담사: 지금 마음은 어떠세요?

내담자: 편안합니다.

설명 내담자는 종교생활에 대한 갈등으로 인해 엄마와의 관계에서 속상함과 미안함을 동시에 느끼며 양가적 갈등을 겪고 있습니다. 이러한 상황 속에서 내담자는 엄마에게 가지는 마음을 명료화하게 되었고, 엄마에 대한 미안함과 고마움을 충분히 느끼면서 속상함을 내려놓게 되었습니다. 이를 통해 관계가 개선될 가능성이 생겼습니다.

아버지를 보는 것이
불편합니다

상담사: 눈을 감고 긴 호흡을 합니다. 선생님께서 가장 편안한 자리가 어디
　　　　인지 상상해 보세요

내담자: 하늘에 있는 구름 위에 앉아 있습니다.

상담사: 하나님을 불러보세요.

내담자: 희미하게 구름기둥 모양으로 하나님이 보입니다.

상담사: 선생님은 무엇을 하고 있나요?

내담자: 하나님을 기다리며 바라보고 있습니다.

상담사: 하나님을 아버지라고 불러보세요.

내담자: "아버지"

상담사: 어떤 소리가 들리나요?

내담자: 아무런 말도 들리지 않습니다.

상담사: 그럼, 한 번 더 불러보세요.

내담자: "많이 힘들었구나"라고 말씀하십니다.

상담사: 선생님의 표정은 어떤가요?

내담자: 제 모습이 슬퍼 보입니다.

상담사: 하나님께서 또 하시는 말씀이 있나요?

내담자: "너를 미워한 적은 없다, 네 처를 미워한다"라고 말씀하십니다.
그리고 젊은 얼굴로 바뀌면서 엄한 얼굴이 되었습니다.

상담사: 네, 그러시군요. 그러면 예수님을 불러보세요.

내담자: 예수님께서 십자가에서 힘들고 고통스러운 모습을 하고 있습니다.

상담사: 예수님께서 뭐라고 말씀하시나요?

내담자: "너희들의 고통을 지고 간다"라고 말씀하십니다.
나를 자유하게 하시려고 예수님께서 괴로움을 풀어주신다고 말씀하십니다.

상담사: 선생님과 선생님 아버지의 모습을 떠 올려보세요. 그리고 예수님께서 두 사람을 안수해 주시는 모습을 상상해 보세요.

내담자: 예수님께서 아버지를 만지실 때에, 아버지가 울고 있고 예수님께서 안아주십니다.

상담사: 네, 가만히 지켜보세요.

내담자: 아버지가 점점 작아지고 있습니다.

상담사: 선생님은 감정은 어떤가요?

내담자: 아버지가 불쌍하게 보입니다.

내담자는 형제들과의 갈등으로 인해 아버지를 보고 싶지 않지만,
마음속에는 미안함과 죄책감이 있었습니다. 복잡한 감정으로 인해
어떤 결정도 내리지 못하고 시간이 흘러가면서 아버지는 늙어가고
있었습니다. 아버지와의 불편한 만남을 피하기 위해 여러 가지 핑
계를 대지만, 아버지에 대한 다른 감정을 경험하면서 결국 만남을
갖기 위해 시도했습니다.

성취감을
느끼고 싶습니다

상담사: 먼저 편안한 장소를 생각해 보세요.

내담자: 생각이 나지 않습니다.

상담사: 집이나 좋은 기억이 나는 장소를 생각해 보세요.

내담자: 아무리 생각을 해도 여기 상담실이 좋을 것 같습니다.

상담사: 네, 눈을 감으시고, 편안하게 호흡하세요. 감정 상태는 어떠세요?

내담자: 편안합니다.

상담사: 상담실에 앉아 있는 자신의 모습을 상상해 보시고, 얼굴 표정을 살펴보세요.

내담자: 무표정입니다.

상담사: 상상으로 자신의 머리와 어깨와 팔다리를 쓸어내려보세요.

내담자: 우울하게 보입니다.

상담사: 그럼, 저를 선생님의 상상 속으로 초대하여 주세요. 그리고 어깨를 다독이고 수고했다고 말하도록 하세요.

내담자: 웃고 있습니다.

상담사: 누가 웃고 있나요?

내담자: 제가 웃고 있습니다.

상담사: 이제 성취감이라는 것이 저 앞에 있습니다. 형상으로 만들어 보세요.

내담자: 별처럼 보입니다.

상담사: 별을 향해서 손가락을 가리키며 말해보세요. '나는 저기까지 갈 것이다'

내담자: 나는 저기까지 갈 것이다.

상담사: 어떤 마음이 드세요?

내담자: 당차고 할 수 있을 것 같습니다.

상담사: 한 번 더 외치세요.

내담자: 나는 할 수 있다.

상담사: 마음은 어떠세요?

내담자: 편안합니다.

설명 내담자는 성취감을 얻고 싶지만 무엇을 해야 할지 몰라 고민하고 있었습니다. 작은 목표를 세우면 성취감을 느끼게 되며, 점차 더 큰 성취감을 목표로 삼으면 자신감도 생깁니다. 비록 상상 속의 목표가 명확하지 않지만, 이러한 감정을 북돋우고 시작할 수 있는 기회

를 가지게 되었습니다. 상담사를 상상 속으로 초대하는 것은 내담자의 허락과 의지가 필요합니다.

자격시험에
또 떨어져서 자신감이 없어요

상담사: 눈을 감고 호흡을 합니다. 실기 시험장을 떠 올려봅니다. 마음이 어떤가요?

내담자: 약간 긴장이 되고 손이 굳은 것 같아요.

상담사: 또 다른 자신을 상상해 봅니다. 머리를 쓰다듬고 어깨를 두드리고 "괜찮아"라고 말해줍니다.

내담자: 네, (행동을 반복) 좀 긴장이 풀어진 것 같아요.

상담사: 모델이 될 사람이 앉아 있는 것을 상상해 봅니다. 누구인가요?

내담자: 같은 학원에 다니는 언니가 있는데, 서로 챙겨주는 사이입니다.

상담사: 언니가 고맙네요, 언니의 얼굴을 가볍게 터치하며 언니에게 모델이 되어줘서 고맙다고 말합니다.

내담자: 언니도 잘하라고 응원해 주네요.

상담사: 모델에 집중하고 시작해 보세요.

내담자: 손이 긴장이 되고 약간 떨립니다.

상담사: 네, 길게 호흡을 하세요.

내담자: 약간 괜찮아졌어요. 그런데 시험관이 돌아다녀요.

상담사: 네, 시험관은 돌아다니면서 수험생의 작업을 들여다볼 겁니다. 자기 일을 하고 있는 거죠. 본인도 다시 모델에게 집중합니다.

내담자: 네, 그런대로 잘 진행되고 있어요.

상담사: 얼마만큼 진행되었나요?

내담자: 이제 거의 다 되었어요.

상담사: 자신에게 수고했다고 말해주세요.

내담자: 네, 수고했다고 말하니까 마음이 편안해졌어요.

설명 내담자는 실기 시험장에서 유난히 긴장하여 시험에 떨어졌고, 그로 인해 시험을 포기하려는 마음까지 생겼습니다. 내담자는 결과물에 지나치게 집착하고 있었습니다. 심리 스트레칭을 통해 결과물보다 자신에게 집중하도록 하여 긴장을 풀고 편안한 마음으로 자격시험에 임할 수 있도록 도왔습니다. 실제 시험장이 아니어도 생각만 해도 긴장이 느껴지는 것을 경험하며, 상상을 통해 시험장을 자주 떠올림으로써 익숙해지게 하고 긴장감을 낮출 수 있었습니다. 또한 추후에 합격했다는 소식을 전해왔습니다.

억울하다고 생각되면
못 참겠어요

상담사: 숨을 깊게 쉬세요. 눈을 감고 다시 숨을 깊게 내쉽니다.

내담자: 눈을 감아야 하나요?

상담사: 눈을 감으시면, 상상이 더 잘 됩니다. 어린 시절에 생각나는 것이
있으면 말씀해 보세요.

내담자: 초등학교를 다닐 때가 생각이 납니다.

상담사: 어떤 장면인가요?

내담자: 시험을 치고 난 후에, 선생님께서 짝과 시험지를 바꿔서 시험지를
채점하라고 했습니다.

상담사: 특이한 것이 있나요?

내담자: 채점하는 것을 서로 보지 말라고 했어요. 만약 보게 된다면 머리털
을 뽑을 거라고 했어요.

상담사: 그럼, 보지 않았나요?

내담자: 시험지를 채점하는데, 제 것을 보지 않았는데도 선생님께서 앞으
로 나오라고 하셔서 머리털을 쥐고 잡아당겼어요.

상담사: 많이 억울했을 것 같네요.

내담자: 집에 가서 엄마에게 얘기를 했는데, 엄마는 아무런 말도 하지 않았어요.

상담사: 엄마가 왜 가만히 있었을까요?

내담자: 학교에 가서 따졌다가 오히려 불이익을 받을까 봐 걱정을 하신 것 같아요.

상담사: 만약, 그때로 돌아가면 어떻게 하고 싶은가요?

내담자: 선생님에게 왜 그랬냐고, 시험지를 보지 않았다고 말할 것 같아요.

상담사: 그러면, 선생님께서 원하시는 대로 학교 선생님에게 한 번 해보세요.

내담자: 선생님, 왜 그랬어요. 전 시험지 안 봤거든요. 오해하신 거예요. 저한테 사과하세요. 잘못했다고 말하세요.

상담사: 사과를 받으셨나요?

내담자: 네, 선생님이 미안하다고 하시네요.

상담사: 지금 기분이 어떠세요?

내담자: 마음이 한결 가벼워지고 억울함이 덜 한 것 같아요.

설명 내담자는 직장에서 오해를 받으면 분노와 억울함이 생겨 일에 집중할 수 없었습니다. 과거의 억울한 경험을 재구성하여 억압된 감정을 표출함으로써 정서가 이완되는 경험을 하게 되었습니다. 때때로 과거의 억울함이 현재의 삶에서도 재현되는 것을 느끼기도 했습니다. 심리 스트레칭을 통해 자신의 마음을 표출하는 것만으로도 마음의 짐을 덜 수 있었습니다.

쉼 없이
살았어요

상담사: 눈을 감고, 좋은 곳에 있는 자신을 상상해 보세요.

내담자: 가족과 친척들이 계곡으로 놀러 간 적이 있는데, 거기가 생각나요.

상담사: 무엇이 보이나요?

내담자: 개울이 보이고, 송사리, 돌, 산들이 보이네요.

상담사: 선생님은 무엇을 하고 있나요?

내담자: 물속에 앉아 있어요.

상담사: 느낌이 어떠신가요?

내담자: 네, 너무 좋아요.

상담사: 무엇이 필요한가요?

내담자: 아니요, 이대로 좋아요.

상담사: 무엇을 하지 않아도 괜찮나요?

내담자: 네, 지금은 아무것도 하지 않아도 되요.

상담사: 그럼, 마음껏 물속에서 계셔도 되겠네요.

내담자: 네, 그럴 거예요.

설명 쉼 없이 일을 계속해 온 내담자는 상상만으로도 감각을 일깨워 즐거운 정서를 만끽하게 되었습니다. 이 과정은 일의 중요성뿐만 아니라 쉼의 중요성도 깨닫게 하는 작업이었습니다. 또한, 휴식이 작은 것에서도 찾을 수 있는 경험임을 알게 되었습니다.

울컥하고 올라올 때에 힘이 됩니다

상담사: 눈을 감고 호흡을 하세요. 어디가 편할까요?

내담자: 여기가 편합니다.

상담사: 선생님의 표정은 어떤가요?

내담자: 밝아요.

상담사: 신체 중에서 편한 부분과 불편한 부분이 있으면 말해보세요.

내담자: 어깨에 조금 통증이 있고요, 다리는 편해요.

상담사: 그럼, 다리의 편안함을 느껴봅니다.

내담자: 네.

상담사: 다리의 편안함을 조금 느껴보셨다면, 어깨의 통증을 다시금 느껴볼까요?

내담자: 네, 여전히 불편합니다.

상담사: 어깨에 쿠션을 한번 올려보세요.

내담자: 네.

상담사: 어깨의 통증을 느껴보세요.

내담자: 좀 편해졌어요.

상담사: 네, 좋습니다. 이전에 뛰어내리겠다고 생각하신 적이 있다고 하셨어요. 그 말을 취소해 보세요. '나는 뛰어내리겠다는 말을 취소합니다'

내담자: 나는 뛰어내리겠다는 말을 취소합니다.

상담사: 한 번 더 취소해 주세요.

내담자: 나는 뛰어내리겠다는 말을 취소합니다.

상담사: 네, 마음이 어떠신가요?

내담자: 편안합니다.

설명 내담자는 갱년기로 인한 우울감으로 밥을 먹다가 갑자기 뛰어내리고 싶다는 생각이 들었습니다. 낮은 층이어서 죽지 못하고 병신이 되겠다는 생각에 시도를 하지 않았지만, 가끔 울컥하고 감정을 주체하기 힘든 경험이 있었습니다. 심리 스트레칭을 통해 자신의 감정과 신체를 살피고, 부정적인 생각들을 취소함으로써 긍정적인 마음을 새롭게 가질 수 있었습니다.

무슨 일을 할 수 있을지 자신감이 없어요

상담사: 눈을 감고 상상해 보세요. 어디에 계시면 편안하시겠어요?

내담자: 지금 살고 있는 빌라인데, 답답해요. 교회에 있는 것이 좋아요.

상담사: 네, 선생님께서 교회에 앉아 계십니다. 선생님의 표정은 어떠신가요?

내담자: 편안하면서 간절하게 보여요.

상담사: 예수님은 어디에 계실까요?

내담자: 제 마음에 계세요.

상담사: 예수님께서 선생님 곁에 계신 것을 상상해 보세요.

내담자: 제 옆에 계세요.

상담사: 예수님의 얼굴을 보세요.

내담자: 안타까워하시고, 지그시 바라보고 계세요.

상담사: 예수님께서 선생님의 머리를 안수하시고, 안아주시는 것을 상상해 보세요.

내담자: 네, 예수님께서 안아주세요.

상담사: 예수님께서 하시는 말씀을 들어보세요.

내담자: 사랑하고 모든 것을 아신다고 하세요.

상담사: 선생님의 마음은 어떠세요?

내담자: 마음이 편해졌어요.

상담사: 예수님께서 함께 하시는 선생님의 모습을 상상해 보세요. 당당한 모습을 원하셨죠?

내담자: 머리는 커리어 우먼처럼 단정하고, 상의는 유니폼 카라 셔츠를 입었어요. 바지는 곤색을 입었고요.

상담사: 그럼, 예수님과 손을 잡고 선생님의 집으로 갑니다. 그리고 예수님과 함께 집안 이곳 저것을 구경시켜 드리세요. 각 방마다 즐거움과 좋은 것으로 채워달라고 부탁하세요.

내담자: 네.

상담사: 예수님은 어떤 표정이신가요?

내담자: 흐뭇해하세요.

상담사: 선생님의 마음은 어떠세요?

내담자: 편안합니다.

설명 내담자는 배우자를 먼저 떠나보낸 후 경제적인 어려움으로 더 작고 낡은 집으로 이사하게 되었습니다. 이전보다 더한 가난을 겪으면서 자신이 할 수 있는 일이 없다는 낙심에 빠졌습니다. 누구에게도 하

소연할 수 없는 마음을 종교를 통해 버티고 있었습니다. 그러나 심리 스트레칭을 통해 미래에 대한 희망을 되찾고, 종교심을 더욱 깊게 함으로써 삶의 힘을 얻을 수 있었습니다.

몸이 약해서 자신감이 없어요

상담사: 숨을 깊게 쉬고 내 쉬세요. 선생님의 모습을 상상해 봅니다.

내담자: 네. 그냥 있어요.

상담사: 선생님께서 믿는 하나님께서 도움을 주시기 위해서 천사를 보내셨습니다.

그 천사의 모습을 상상해 보세요. 상상이 되시나요?

내담자: 키가 큰 천사가 옆에 서 있어요.

상담사: 천사는 하나님께서 선생님을 도우라고 보내신 존재입니다. 천사는 하나님을 대신하는 존재입니다. 천사에게 머리를 쓰다듬어 달라고 말해보세요.

내담자: 천사가 머리를 만지고 있어요.

상담사: 몸 안의 장기들도 만져달라고 하세요.

내담자: 심장과 폐와 뼈를 만지고 있어요.

상담사: 마음이 어떠세요?

내담자: 편안합니다.

내담자는 퇴직 후 나이가 많아 재취업에 자신감이 부족했습니다. 천사를 통해 하나님의 메시지를 듣는 시간을 상상하며, 긴장되고 초조한 상태에서 한결 편안해지는 효과를 경험했습니다. 또한, 내담자는 건강이 연약한 상황에서 신체적으로 강해지는 상상을 통해 자신의 건강을 우선적으로 챙길 수 있도록 하였습니다.

직장을 그만두고
너무 우울하고 불안합니다

상담사: 의자에 기대고 편한 자세를 취해보세요. 눈을 감고 숨을 길게 내쉽니다.

편안한 자리를 생각해 보세요.

내담자: 공원 벤치에 앉아 있는 모습이 생각납니다.

상담사: 네, 주변에 무엇이 보이는지 말씀해 보세요.

내담자: 산책하는 사람들도 있고, 연못에는 오리도 있어요. 자전거를 타는 사람과 아이들이 보입니다.

상담사: 선생님 안에 불편감이 무엇인지 찾아보세요.

내담자: 우울하고 불안합니다.

상담사: 선생님 안에 있는 우울과 불안을 모양을 만들어 보세요. 어떤 모양과 색깔로 만들 수 있을까요?

내담자: 우울은 회색 박스처럼 느껴지고, 불안도 같은 모양입니다.

상담사: 선생님은 두 회색 박스를 어떻게 하기를 원하시나요?

내담자: 공원 밖으로 나가서 버리고 싶습니다.

상담사: 네, 그렇게 하세요.

내담자: 네, 버렸어요.

상담사: 더 원하시는 것은 없나요?

내담자: 공원 벤치에 다시 앉아 있어요.

상담사: 지금의 기분은 어떠신가요?

내담자: 이전보다 무거웠던 마음이 가벼워지고 편안해졌어요.

상담사: 그러면, 상상으로 하세요. 손을 머리부터 쓸어내려서 어깨, 팔, 엉치, 다리로 내려가세요. 한 번, 두 번, 세 번...

내담자: 네, 하고 있어요.

상담사: 신체 중에서 달리 느껴지는 부분이 있으신가요?

내담자: 머리에 실타래 같은 것이 있었는데, 정리가 되면서 맑아지네요.

상담사: 그러면, 그 실타래를 더 정리하겠습니다. 줄을 뽑아서 끝에서부터 단단히 잡아매고 정리합니다. 끝까지 정리하세요.

내담자: 네, 잘 정리하고 있습니다.

상담사: 모두 끝냈나요? 지금은 어떠세요?

내담자: 네, 좀 더 편안해지고 정리가 된 것 같습니다.

설명 내담자는 자녀들을 키우기 위해 여가 없이 직장생활만 해왔습니다. 미래에 대한 불안으로 취업을 고려하지만 쉽지 않은 상황입니다. 주변에서는 조금 쉬라고 하지만, 내담자는 불안함으로 쉴 수 없고, 어떻게 쉬어야 할지도 모릅니다. 그러나 자신의 감정을 명료하게 인식하고 처리하고자 하는 의지를 가지고 있습니다. 미래에 대한 불안으로 혼돈된 상태이지만, 심리 스트레칭을 통해 마음과 몸을 먼저 챙기는 우선순위를 시작하게 되었습니다. 마음이 편안해지면 지혜가 생기는 것을 경험하게 되었습니다.

머리카락을 잘랐더니
정리된 생각이 없어졌습니다

상담사: 눈을 감으시고, 불편하시면 눈을 뜨고 싶다는 말을 하세요.

내담자: 괜찮아요.

상담사: 편안한 자리를 생각해 보세요.

내담자: 교회 안에 있어요.

상담사: 무엇을 하고 있나요?

내담자: 불이 꺼져서 어두운데 음악이 흐르고 있어요. 눈을 감고 앉아 있어요.

상담사: 교회 안에 있는 십자가를 볼까요?

내담자: 경건하다고 느꼈어요.

상담사: 십자가를 보고 있다고 상상할 때에 어떤 감정이 생기나요?

내담자: 감정은 없어요.

상담사: 예수님을 상상해 볼까요?

내담자: TV에서 보이는 모습으로 강단에 있는 것 같아요.

상담사: 그러면, 선생님 쪽으로 조금 다가와 주시기를 요청해 보세요.

내담자: 네, 가까이 계세요.

상담사: 선생님의 속상한 마음을 이야기해보세요. 그냥 마음에 내키는데... 예수님께서 이렇게 이야기하십니다. '화가 날만하다', '어떻게 하든지 원수를 갚고 싶고, 박살 내고 싶을 거야'라고 말씀하시는 것을 상상해 보세요. 예수님께서 선생님의 머리와 어깨를 쓰다듬는 것을 상상하세요. 자신의 모습이 어떻게 보이나요?

내담자: 위로는 안 되는 것 같습니다.

상담사: 네, 위로는 안 되시는군요. 그런데 자신의 모습은 어떤지 한 번 볼까요?

내담자: 옅은 미소가 생기는 것 같습니다.

상담사: 한 번 더 예수님께 호소합니다. '나 너무 힘들어요', '속이 너무 답답해요', '눈을 뜨는 하루가 너무 힘듭니다'. 예수님의 얼굴을 한 번 쳐다보세요, 어떤 얼굴을 하고 계실까요?

내담자: 제가 보기에는 웃고 있는 것 같습니다.

상담사: 예수님께서 선생님의 머리와 어깨를 쓰다듬으면서, '네가 아픈 것을 알고 있다', '가슴에 불이 가득하구나, 얼마나 힘드니'라고 말씀하시는 것을 상상해 보세요.

선생님도 말씀하세요. '너무 답답합니다', '원수를 갚아주세요'.

내담자: 의욕도 안 생기고, 마음은 긍정적으로 하고 싶은데, 생각도 부정적으로, 행동도 부정적으로 하게 되니까 힘든 거죠.

상담사: 부정적인 생각을 말로 표현한다면요?

내담자: 주변에서 아무리 좋은 말을 해줘도 힘이 나지 않고 의미가 없어요. 지금 상황도 계속 부정하고 싶습니다.

상담사: 의미가 없다는 것을 형태로 만들어 보세요.

내담자: 공기로 만들어도 되나요?

상담사: 네, 예수님께서 선생님의 주변에 있는 공기를 큰 봉투에 넣어서 진공상태로 만듭니다. 그리고 예수님께서 새로운 공기로, 깨끗한 공기를 선생님의 주변을 감싸도록 합니다. 무의미의 봉투를 어떻게 처리할까요?

내담자: 예수님께서 가져가시나요?

상담사: 선생님은 예수님께서 어떻게 처리하기를 원하시나요?

내담자: 예수님께서 용광로에 집어던져서 태웠으면 좋겠어요.

상담사: 네, 예수님께서 요청하세요.

내담자: 네, 태우고 계세요.

상담사: 선생님을 감싸고 있는 새로운 공기를 뭐라고 이름 지을까요?

내담자: 새 바람?

상담사: 새 바람은 선생님의 주변에서 신선한 바람으로 돌고 있겠네요.

내담자: 네.

상담사: 그 자리에서 머리카락을 길러봅니다. 어떠세요?

내담자: 기분이 좋아진 것 같아요.

상담사: 감정의 이름을 지어 볼까요?

내담자: 희망.

상담사: 희망이라는 말에서 감정을 느껴보세요.

내담자: 네.

설명 내담자는 폐업 후 낙심하고 있는 상황에서 조금씩 미래에 대한 계획을 세우고 있었습니다. 절망적인 상황이었지만 생각하는 시간이 늘어나고 있었으나, 의도치 않게 머리카락을 잘랐고 이로 인해 자신의 마음에 들지 않아 상한 감정이 생겼습니다. 이 사건으로 차곡차곡 챙겨 온 생각들이 모두 사라지면서 화가 나는 상황에 직면했습니다. 희망의 이름은 보이지 않지만, 절망 가운데서 의미를 찾고자 노력하고 있습니다.

다른 사람들이
나만 보고 있는 것 같아요

상담사: 눈을 감고, 깊게 숨을 들이쉬고 내세요.

내담자: 눈을 감아야 하나요?

상담사: 네, 눈을 감는 것이 불편하신가요?

내담자: 네, 눈을 뜨면 안 되나요?

상담사: 깊게 숨을 쉬어 봅니다. 다시 한번 더 숨을 크게 쉬세요. 또 한 번
더 쉬세요. 어떠신가요?

내담자: 조금 전보다는 낫네요.

상담사: 선생님이 어릴 때에 친구들과 노는 것을 상상해 보세요.

내담자: 초등학교에 다닐 때에 숨바꼭질도 하고 자치기도 했어요.

상담사: 함께 놀던 친구들의 얼굴을 상상해 보세요.

내담자: 네, 다들 즐거워하고 있어요.

상담사: 그 친구들은 어디로 보고 있나요?

내담자: 자치기 하는 거 보고 있어요.

상담사: 그럼, 선생님을 보고 있는 친구가 있나요?

내담자: 아니요, 없어요.

상담사: 친구들이 선생님을 보고 있지 않네요, 어떤 기분이 드시나요?

내담자: 아무런 느낌이 없어요.

상담사: 네, 누구도 선생님을 보고 있지 않네요.

내담자: 네, 그래요.

상담사: 지금 기분이 어떠신가요?

내담자: 네, 아무렇지도 않아요.

상담사: 아무렇지도 않다는 말이 무슨 말인가요?

내담자: 더 이상 불편하지 않아요.

설명 내담자는 주변 사람들이 자신을 매일 보고 있다고 느끼며 불편해합니다. 이를 극복하기 위해 어린 시절의 기억을 떠올리며 대인관계를 심리 스트레칭으로 연습해 보았습니다. 실제 대인관계에서 오는 불안과 긴장을 조금이라도 표현할 수 있는 시간을 가짐으로써 답답함을 해소할 수 있었습니다. 심리 스트레칭을 통해 대인관계의 긴장감을 완화하는 데 도움을 받았습니다.

화가 나서 참을 때에는
땅으로 꺼지는
느낌이 듭니다

상담사: 눈을 감으시고, 편안하게 호흡을 합니다. 자신이 편안한 자리를 생
　　　각해 보세요. 어디에 있나요?

내담자: 교회에 앉아 있습니다.

상담사: 선생님의 마음을 살펴보세요?

내담자: 편안한 것도 있지만, 조금 걱정이 있는 것처럼 보입니다.

상담사: 또 무엇이 보입니까?

내담자: 속에서 화가 올라와서 불이 보입니다.

상담사: 네, 예수님을 불러 보세요. 어디에 계시나요?

내담자: 내 안에 계십니다.

상담사: 예수님께서 선생님의 머리에 손을 얹는 모습을 상상해 보세요.

내담자: 예수님께서 머리에 손을 얹으니까 머리가 깨끗해지면서 조금 가
　　　벼워졌습니다.

상담사: 예수님께 받고 싶은 것이 있으시면 말씀해 보세요.

내담자: 사랑과 평화를 주시겠다고 하십니다.

상담사: 네, 충분하게 받아들이세요. 어떠신가요?

내담자: 편안합니다.

설명 내담자는 자신의 감정을 억압하며 살아왔고, 적절하게 표현하는 방법을 모르고 있었습니다. 이 과정에서 화의 실체가 있다는 것을 인지하고 성찰할 수 있는 시간을 가졌습니다. 감정을 부정하는 것이 아니라 인지함으로써 해결에 대한 적극적인 의지가 생기게 되었습니다. 내담자는 자신의 종교에 따라 편안한 자리와 문제를 해결할 수 있는 힘의 근원을 찾게 되었습니다.

편안하고 싶습니다

상담사: 눈을 감고 깊게 숨을 쉬세요.

내담자: 눈을 감는 것이 불편합니다.

상담사: 눈을 뜨시고, 한 번 더 호흡을 해 봅니다.

내담자: 네.

상담사: 눈을 감아 보시고, 편안한 장소를 생각해 보세요.

내담자: 여행을 갔던 산을 생각하고 싶은데, 생각이 안 납니다.

상담사: 네, 산이라면 나무, 개울, 돌들이 있겠네요.

내담자: 생각이 나지 않습니다.

상담사: 그럼, 지금 상담실에 있는 자신의 모습을 상상해 보세요.

내담자: 네, 상상이 됩니다.

상담사: 자신의 모습이 어떻게 보이시나요?

내담자: 네, 초라하게 보입니다.

상담사: 상상으로 자신의 머리와 몸을 쓰다듬어 주세요.

내담자: 상상이 잘 안 됩니다.

상담사: 네, 천천히 하세요. 자신의 머리와 몸을 쓰다듬어 주세요.

내담자: 네.

상담사: 머리부터 쓰다듬을 때에 '괜찮아', '잘 해냈어'라고 말해 보세요.

내담자: 마음이 먹먹하게 느껴집니다.

상담사: 네, 머리부터 다시 쓰다듬어 보세요.

내담자: 초라하게 보이네요.

상담사: 한 번 더 쓰다듬어 보세요. '괜찮아'라고 말해 보세요.

내담자: 그런 나약한 말은 싫습니다.

상담사: 네, 알겠습니다. 선생님의 생각을 존중합니다.
길게 호흡하세요.

내담자: 네.

상담사: 어떠신가요?

내담자: 조금 편안합니다.

설명 내담자는 사업 실패로 인한 경제적 손실과 타인으로 인한 피해로 인해 인간관계에 부정적인 태도를 보였습니다. 겉으로는 성공에 대한 열의가 있지만, 실제로는 내일에 대한 염려로 두려움을 느끼고 있습니다. 이러한 내면과 현실의 부조화로 인해 혼란과 갈등을 겪으며 편안함을 누리지 못하고 있습니다. 내담자는 자신의 내면을 통찰함으로써 자신을 어떻게 도울 수 있는지를 성찰하게 되었습니다.

우울해서 아무것도
하고 싶지 않아요

상담사: 눈을 감고 깊은 호흡을 합니다.

　　　　편안한 자리를 상상해 보세요

내담자: 교회 안에 앉아 있을 때가 편안합니다.

상담사: 예수님을 생각해 보세요.

내담자: 네.

상담사: 예수님은 어디에 계시나요? 교회 안을 둘러보세요.

내담자: 십자가에서 피를 흘리고 계시네요.

상담사: 예수님께 요청하세요. 십자가에서 내려오셔서 안수해 달라고.

내담자: 예수님께서 머리에 손을 얹어 주셨어요. 제가 울고 있어요.

상담사: 예수님께서 어떻게 하시나요?

내담자: 저를 위로해 주시고, 쓰다듬어 주세요.

상담사: 예수님 앞에서 기도를 합니다. 그런데 선생님이 원하시는 것을 상
　　　　상으로 합니다. 직업적으로 성공한 이미지와 주거할 집을 상상해
　　　　봅니다.

내담자: 네, 했어요. 힘들어도 오뚝이처럼 일어나는 모습이 생각나요.

상담사: 마음은 어떤가요?

내담자: 편안합니다.

설명 내담자는 우울감으로 약을 복용했지만 스스로 극복하려고 약을 끊은 상태입니다. 커뮤니티 내에서 은근히 무시를 당하고 있으며, 지지해 주는 사람이 없는 상황입니다. 이러한 우울감 속에서 내담자는 예수님의 피흘리시는 모습과 공감대를 형성하게 되었습니다. 예수님에게 받아들여지고 위로자가 된다는 것을 감정적으로 느끼며 위안을 찾았습니다.

집안 일을
하기 싫어요

상담사: 어디에 계시면 편안하신가요?

내담자: 거실의 소파가 편안해요.

상담사: 눈을 감으시고, 긴 호흡을 하세요. 거실의 소파에 앉아있는 자신의
모습을 상상해 보세요. 어떤 표정인가요?

내담자: 소파에 누워있어요. 편안하기는 한데, 마음에 약간 불안해요.

상담사: 무엇 때문일까요?

내담자: 집안일을 해야 한다는 마음이 있어요.

상담사: 지금의 감정은 어떠세요?

내담자: 움직이지 않는 내가 답답해요.

상담사: 저를 따라 하세요. '쉬어도 괜찮아'.

내담자: 쉬어도 괜찮아.

상담사: 지금 마음은 어떠세요?

내담자: 조금 전보다는 편안해졌어요.

상담사: 다시 한번 더 합니다. '쉬어도 괜찮아'.

내담자: 쉬어도 괜찮아.

상담사: 지금은 어떠세요?

내담자: 마음이 편안해졌어요.

상담사: 소파에 누워있는 자신에게 이렇게 말해보세요. '너가 하고 싶은 거 해'

내담자: 너가 하고 싶은 거 해

상담사: 무엇을 하고 싶은 것이 있나요?

내담자: 일어나서 집안일을 하고 있어요.

상담사: 네, 집안일이 끝나면 말씀해 주세요.

내담자: 정리, 빨래, 설거지, 청소를 했어요.

상담사: 지금 감정은 어떠세요?

내담자: 개운해요.

상담사: 더하고 싶은 것이 있나요?

내담자: 화장실 청소도 하고 싶어요.

상담사: 또 있나요?

내담자: 연락이 끊어진 친구들에게 전화를 해보고 싶고, 커피를 먹고 싶어요.

상담사: 네, 그러면 먼저 소파에 앉아서 커피를 마시는 것을 상상해 보세요.

내담자: 네, 편안해요.

설명 내담자는 우울감으로 인해 아무것도 하고 싶지 않은 상태입니다. 내면에서는 자기 반성과 혹독한 채찍으로 자신을 괴롭히고 있지만, 자신을 격려할 때 비로소 편안한 마음이 생깁니다. 이로 인해 집안일을 조금씩 하게 되며, 감정의 변화가 행동의 변화를 가져오는 것을 경험하게 되었습니다.

잠을 자지 못하고
괴롭습니다

상담사: 눈을 감고 심호흡을 합니다. 상담실에 있는 자신을 생각해 보세요.

내담자: 우주에 날아다니는 기분입니다. 그냥 여기저기 목적도 없이 날아다닙니다.

상담사: 땅으로 내려오셔야겠네요. 어디로 내려가기를 원하세요?

내담자: 잘 모르겠습니다.

상담사: 선생님의 고향이 어디신가요?

내담자: 북한산 부근입니다.

상담사: 그러면 북한산으로 내려갈까요? 어디로 가면 좋을까요?

내담자: 개울도 있고, 산도 보입니다.

상담사: 또 무엇이 보이나요?

내담자: 중학교 친구들이 있고, 함께 놀고 있는 모습이 생각납니다.

상담사: 좋은 친구들이 계시네요.

내담자: 그런데, 어떤 남자가 술을 먹고 사람들을 때리고 있습니다. 깡패 같습니다.

상담사: 선생님과 친구들은 어떻게 하고 있습니까?

내담자: 어떻게 할지 모르고 있는데, 큰 거인이 나타나서 깡패를 정리해 주었습니다. 사람들은 이전처럼 자연스럽게 놀고 있습니다.

상담사: 지금 감정은 어떠세요?

내담자: 편안합니다.

설명 내담자는 수면에 어려움을 겪어 술을 마시는 습관을 반복하고 있으며, 아침마다 술로 인해 자신이 잘못한 것이 없는지 반성하게 됩니다. 그러나 저녁이 되면 다시 술을 찾는 악순환을 경험하고 있습니다. 자신을 탓하며 목적 없이 살아가는 모습을 보이고, 내면의 갈등을 해결해 줄 누군가를 원하고 있습니다. 심리 스트레칭을 통해 무의식을 의식화하는 작업을 진행함으로써 자신의 감정과 행동을 탐색하고, 문제 해결을 위한 첫걸음을 내딛게 되었습니다.

번아웃이 왔는데
억울합니다

상담사: 편안한 장소를 생각해 보세요.

내담자: 여행을 갔던 바다, 산이 좋습니다.

상담사: 네, 한 군데만 정해 보세요.

내담자: 바다가 좋습니다.

상담사: 눈을 감으시고 길게 호흡을 하세요. 지금 어디에 있는 것 같으세요?

내담자: 바닷가에 서 있습니다.

상담사: 주변을 둘러보시고, 보이는 대로 말씀해 보세요.

내담자: 바닷물이 보이고, 하늘이 보입니다.

상담사: 예수님이 어디 계신지 찾아보세요.

내담자: 저 멀리 계십니다.

상담사: 예수님께 가까이 와 달라고 요청해 보세요.

내담자: 예수님께서 옆에 계십니다.

상담사: 몸 안에 있는 억울함을 꺼내서 모양을 만들어 보세요.

내담자: 까만 연기처럼 보이는데, 잘 나오지 않습니다.

상담사: 예수님께 억울함을 꺼내 달라고 말씀해 보세요.

내담자: 예수님께서 꺼내 주십니다.

상담사: 억울함을 어떻게 할까요?

내담자: 불에 태울까요?

상담사: 네, 그러세요. 예수님께 억울함을 불로 태워달라고 하세요.

내담자: 네, 불에 태우고 있습니다.

상담사: 어떻게 타고 있나요?

내담자: 잘 타지 않는 것 같습니다.

상담사: 기름을 부어 보세요.

내담자: 네, 아직 찌꺼기가 남아있습니다.

상담사: 깨끗하게 태워보세요. 억울함이 있던 자리에 무엇으로 채울까요?

내담자: 희망으로 채울까요? 그렇게 하고 싶습니다.

상담사: 네, 희망으로 꽉 채워보세요. 어떠신가요?

내담자: 마음이 편안합니다. 약간 설레기도 합니다.

설명 내담자는 직장에서의 어려움과 가정에서의 부부관계 문제로 번아웃 상태에 빠졌습니다. 서로가 지지자가 될 줄 알았지만, 실제로는 서로를 탓하게 되는 상황이 발생했습니다. 최선을 다했음에도 불구하고 인정받지 못하는 억울함도 느끼고 있습니다. 이러한 감정을 해결하기 위해 내담자는 자신의 종교에서 절대자를 만나고 그로부터 억울함을 덜어내는 방법을 사용했습니다.

이제는 버틸 수 없을만큼
힘이 듭니다

상담사: 편안한 자리를 상상해 보세요.

내담자: 편안한 자리가 생각나지 않네요.

상담사: 그러면 교회는 어떠신가요?

내담자: 그게 좋겠네요.

상담사: 눈을 감고 호흡을 하세요. 교회에 있다고 상상해 보세요.

내담자: 네. 교회에 앉아있는데, 십자가를 보고 있어요.

상담사: 선생님의 얼굴은 어떤가요?

내담자: 무표정으로 있어요.

상담사: 마음은 어떠신가요?

내담자: 불편하고 답답함이 있어요. 그동안 교회에 나가지 못했거든요.

상담사: 예수님은 어디 계시나요?

내담자: 내 마음에 있어요.

상담사: 선생님 주변에 계시다고 상상해 보세요.

내담자: 제 앞에 계세요.

상담사: 예수님의 얼굴을 보세요.

내담자: 안타깝게 저를 보고 계세요.

상담사: 선생님은 어떻게 하고 계시나요?

내담자: 눈물이 터질 것 같아요.

상담사: 예수님께서 선생님의 머리를 쓰다듬고, 답답한 가슴을 쓸어내리는 것을 상상해 보세요.

내담자: 예수님도 같이 울고 계세요.

상담사: 예수님께서 하시는 말씀을 들어보세요.

내담자: 내 딸아, 사랑한다고 하세요.

상담사: 선생님은 무엇을 하고 계시나요?

내담자: 저도 예수님께 사랑한다고 말했어요.

상담사: 마음에 있는 답답함을 형상화시켜 보세요.

내담자: 울퉁불퉁한 공처럼 생겼는데, 태양처럼 붉어요.

상담사: 예수님께 끄집어 내달라고 하세요.

내담자: 예수님께서 끄집어내셨어요.

상담사: 어떻게 할까요?

내담자: 던져버렸으면 좋겠어요.

상담사: 네, 예수님께 멀리 던져달라고 요청하세요.

내담자: 예수님께서 멀리 던지셨어요.

상담사: 답답함이 있던 빈자리에 무엇을 집어넣을까요?

내담자: 행복, 감사를 넣고 싶어요.

상담사: 네, 가득가득 넣어보세요. 그리고 미래에 일하시는 자신의 모습을
상상해 보세요.

내담자: 편안한 옷을 입고 웃으면서 즐겁게 일하고 있어요.

설명 내담자는 발목 수술로 거동이 불편한 상태로 경제활동에 제약을 받
고 있었습니다. 신체적인 불편감에도 불구하고 사업을 시작하려 했
지만, 결국 조카를 돌보게 되었습니다. 체력과 재정이 바닥난 상태
에서 돌봐야 할 사람이 늘어나면서 정신적인 한계에 도달했습니다.
그러나 내담자는 신앙을 통해 여기까지 버텨 왔으며, 미래에 대한
기대와 소망을 포기하지 않고 마음속에 그려보았습니다.

퇴사 후에
우울합니다

상담사: 선생님은 어디에 계시면 편안하신가요?

내담자: 산에 있는 것이 편안합니다.

상담사: 네, 숨을 한 번 크게 쉬시고, 눈을 감으세요. 그리고 산에 있는 모
습을 상상해 봅니다.

내담자: 네.

상담사: 선생님, 상상을 하면서 주변에 무엇이 있는지 돌아보세요.

내담자: 나무, 바닥에 개미도 보이고, 나뭇잎이 바람에 흔들리는 것이 보
입니다.

상담사: 또 무엇이 보이나요?

내담자: 따뜻한 햇살이 느껴집니다.

상담사: 선생님의 몸의 신체감각을 한번 살펴보세요. 어디가 편안하고, 어
디가 불편한지.

내담자: 호흡은 편안한데, 가슴이 답답합니다.

상담사: 상상으로 합니다. 선생님의 손으로 가슴을 쓸어내립니다. 그리고 '

괜찮아'라고 말해보세요.

내담자: 네.

상담사: 몇 번을 반복합니다.

내담자: 가슴이 울컥합니다.

상담사: 네, 답답한 가슴은 어떠세요?

내담자: 조금 편안해졌습니다.

상담사: 네, 몇 번 더 가슴을 쓸어내리시고, '괜찮아'라고 말해보세요.

내담자: 네.

상담사: 답답한 가슴은 좀 어떠세요?

내담자: 좀 더 편안해졌습니다.

설명 내담자는 퇴사 후 우울하고 불안한 상태였습니다. 그러나 운동을
통해 자신을 관리하면서 우울과 불안이 낮아졌습니다. 미래에 대
한 걱정으로 의욕이 없는 상태였지만, 심리 스트레칭을 통해 자신
의 마음과 신체적인 불편감을 인지하고 이를 해결하고자 노력했습
니다.

가슴이 울렁거리면
불안해집니다

상담사: 눈을 감으시고, 깊은 호흡을 합니다. 마음이 어떠신가요?

내담자: 불안합니다.

상담사: 불안을 형상화시켜 보세요.

내담자: 불안이 실타래처럼 생겼습니다.

상담사: 어떻게 할까요?

내담자: 가위로 잘라서 불에 태우면 좋겠습니다.

상담사: 네, 불로 태워보세요.

내담자: 네

상담사: 불에 태워졌나요?

내담자: 네, 재로 변했습니다.

상담사: 또 다른 불편감이 있나요?

내담자: 짜증이 생각납니다.

상담사: 그러면 짜증도 형상화시켜 보세요.

내담자: 덩어리 모양을 하고 있는데, 굴려도 잘 움직여지지 않습니다.

상담사: 깨뜨려 보시겠어요?

내담자: 잘 깨지지 않습니다.

상담사: 대포로 쏴 볼까요?

내담자: 대포로 쏘니 없어져 버렸습니다.

상담사: 마음은 어떠신가요?

내담자: 마음이 편안해졌어요.

설명 내담자는 퇴사한 후 가족들의 눈치를 보며 하루 일과를 무의미하게 보내고 있어 불안이 고조된 상태입니다. 불안이 올라오면 주변 사람에게 짜증을 내게 되었습니다. 그러나 심리 스트레칭을 통해 불안과 짜증을 낮추는 효과를 경험하게 되었습니다.

꿈에서 뱀과 개가
자주 나타 납니다

상담사: 호흡을 깊이 들이마시고 눈을 감으세요.

내담자: 눈을 감아야 되나요?

상담사: 네, 호흡을 한 번 더 하시고 눈을 감아보세요.

내담자: 네.

상담사: 어떤 꿈을 꾸셨나요?

내담자: 뱀이 나타나고, 개도 나타납니다.

상담사: 그럼, 꿈을 꿨던 장소로 되돌아갑니다.

내담자: 뱀이 보이는데, 전혀 움직이지 않습니다.

상담사: 뱀을 몽둥이로 때리세요.

내담자: 아니요, 못하겠어요.

상담사: 꿈으로 저를 불러들이세요.

내담자: 네, 선생님이 함께 있습니다.

상담사: 이제, 저와 선생님께서 함께 몽둥이로 뱀을 때려잡습니다.

내담자: 뱀이 전혀 움직이지 않다가 도망가기 시작합니다.

상담사: 뱀을 따라가서 몽둥이로 잡습니다.

내담자: 뱀이 축 늘어졌어요.

상담사: 뱀을 어떻게 처리할까요?

내담자: 불에 태우는 것이 좋겠습니다.

상담사: 그럼, 불에 태웁니다.

상담사: 또 뭐가 보이세요?

내담자: 이제 개가 지나갑니다.

상담사: 때릴까요?

내담자: 아니요, 작은 개입니다. 작고 귀엽습니다.

상담사: 어떻게 할까요?

내담자: 개를 키우고 있는데, 안아 주겠습니다.

상담사: 그럼, 선생님을 헤치고자 했던 개를 찾으세요.

내담자: 네, 찾았습니다.

상담사: 선생님을 위협했던 개를 몽둥이로 때리세요.

내담자: 개의 이빨을 부러뜨리고, 도망가는 개를 붙잡아서 불에 태웠습니다.

상담사: 지금, 마음은 어떠신가요?

내담자: 네, 마음이 편안해졌습니다.

설명 내담자는 자주 악몽을 꾼다는 고민을 털어놓았습니다. 상담자는 내담자에게 꿈을 다시 생각하고, 꿈속에서 결말을 바꾸도록 제안했습니다. 그러나 내담자가 주저하고 무서워하자, 상담자가 함께 꿈으로 들어가 결말을 바꾸는 작업을 진행했습니다. 내담자의 허락을 받아 상담사가 함께 작업한 결과, 이후에 내담자는 악몽을 꾸지 않게 되었습니다.

그 사람을 생각하면
기분이 나빠요

상담사: 눈을 감고 호흡을 하세요. 어디가 편할까요?

내담자: 방안에 의자에 앉아 있는 것이 편합니다.

상담사: 네, 그럼 직장으로 가볼까요?

내담자: 네.

상담사: 선생님께서 불편해하셨던 분이 거기에 서 있나요?

내담자: 네.

상담사: 그분의 표정은 어떤가요?

내담자: 무표정합니다.

상담사: 그분이 화를 내거나 짜증 낼 때에 불편하셨다고 하셨는데, 그 모습
        을 상상해 보세요.

내담자: 네.

상담사: 선생님은 어떻게 하고 계시나요?

내담자: 시선을 피하고 딴 데를 보고 있어요.

상담사: 신체의 어느 부분이 편하고 불편한지 말해보세요.

내담자: 머리에 신경이 집중되어 있어요.

상담사: 화가 난 머리를 상상해 보세요.

내담자: 이마에는 주름이 지고, 머리카락이 쭈삣하게 서 있어요.

상담사: 네, 그분을 볼 때에 화가 나고 힘든 것이 머리카락이 쭈삣하게 서 있는 것으로 보인다는 거죠.

내담자: 네.

상담사: 그럼, 머리카락을 빗으로 단정하게 해 보세요.

내담자: 네.

상담사: 어떠신가요?

내담자: 조금 편안해졌어요.

상담사: 이마의 주름진 것을 화장품을 바르듯이 마사지를 해 주세요.

내담자: 네.

상담사: 어떠신가요?

내담자: 편안해졌어요.

상담사: 그 사람은 어떻게 보이시나요?

내담자: 희미하게 보입니다.

상담사: 시작할 때에는 찡그린 인상도 보이고, 화가 난 표정도 보였다고 하셨어요.

내담자: 네, 지금은 희미하게 보여서 얼굴이 안 보입니다.

설명 내담자는 직장에서 만난 동료를 생각할 때 화가 나며, 다른 사람에게 부정적인 감정을 표현하는 것이 불편하다고 느끼고 있습니다. 타인에게 처벌을 가하고 싶지 않은 내담자에게 자신의 감정을 먼저 보살피도록 안내했습니다. 머리카락을 단정하게 하고, 이마의 주름을 펴는 상상을 통해 마음의 편안함을 얻을 수 있었습니다.

사람을 만나기 싫어서
집에만 있어요

상담사: 눈을 감고 호흡을 하세요. 편안한 자리를 찾아보세요. 어디에 있는
모습이 상상이 되나요?

내담자: 내 방에 앉아 있어요.

상담사: 천사를 불러서 옆에 세워보세요.

내담자: 네, 천사가 옆에 섰어요.

상담사: 천사는 하나님께서 보낸 심부름꾼입니다. 하나님의 마음을 천사
가 대신 전해줄 겁니다. 천사가 선생님의 머리와 어깨를 쓰다듬는
것을 상상해 보세요.

내담자: 천사가 머리를 쓰다듬을 때에 화가 난 표정을 하고 있어요.

상담사: 네, 천사가 몇 번을 더 머리를 쓰다듬도록 하세요.

내담자: 천사가 머리를 만질 때에 무표정으로 변하고, 또 쓰다듬으니까 울
고 있어요.

(실제로 내담자도 울고 있음)

상담사: 좀 더 우세요. 눈을 감고 있잖아요. 창피하니까 눈 뜨지 마세요. 더

우세요.

(울고 눈물을 닦음)

상담사: 긴 호흡을 하고 눈을 떠세요.

내담자: 눈을 감고 있는 것이 불편했지만, 마음은 한결 편안해졌어요.

설명 내담자는 집에만 있는 자신에 대한 무능감과 우울감을 느끼고 있지만, 이를 내색하지 않으려 노력하고 있습니다. 자신의 마음을 신앙으로 위로하려는 시도를 하고 있으며, 어떤 어려움이 있더라도 이겨내야 한다는 마음이 있지만 그 생각 자체가 힘들기도 합니다. 이런 경우에는 스스로를 다독이며 울어버리는 것이 더 시원하게 느껴질 때가 있음을 깨닫게 되었습니다.

외부의 스트레스를
가족에게 풀게 됩니다

상담사: 편안한 장소를 생각하시고, 눈을 감고 호흡을 하세요.

내담자: 교회에 있어요.

상담사: 사람을 혼내주러 가려면 천사가 있어야겠지요. 불러보세요.

내담자: 4명의 천사가 있어요. 남자와 여자인데, 아기들이고 통통하게 생겼어요.

상담사: 전쟁을 하러 가는데, 아기들을 데리고 가서 해결이 될까요?

내담자: 그럼, 군대를 데려가야겠네요.

상담사: 몇 명이면 될까요?

내담자: 천명이요. 군대 장관도 있는데, 키는 180센티 될 것 같아요.

상담사: 그럼, 실습현장으로 가 보겠습니다.

내담자: 네.

상담사: 선생님을 힘들게 하는 사람을 앞에 세워보세요.

내담자: 네.

상담사: 그럼, 천사들에게 그 사람을 혼내라고 말해보세요.

내담자: 네, 때리고 있어요.

상담사: 그 사람은 어떻게 하고 있나요?

내담자: 어이없어하면서 째려보고 있어요.

상담사: 그럼, 천사들에게 더욱 혼내주라고 하세요.

내담자: 무릎을 꿇고 잘못했다고 하네요.

상담사: 선생님의 마음은 어떠세요?

내담자: 측은하면서도 시원해요.

상담사: 그 사람에게 원하는 바를 말해보세요.

내담자: 친절하게 웃으면서 부탁해 주세요. 명령조로 말하지 말아 주세요.
　　　　서로 섬기는 관계가 되면 좋겠어요.

상담사: 선생님의 마음은 어떠세요?

내담자: 파워가 있게 느껴져요.

설명　내담자는 자격증 취득을 위한 실습 현장에서 지도하는 선생님이 명
령조로 말하고 일을 시키는 것에 힘들어했습니다. 속으로는 불편함
을 느끼지만 겉으로는 아무 말도 하지 못하고 참아내며 실습을 진
행했습니다. 스트레스가 가중되면서 가정에 돌아와 가족에게 화풀
이를 하게 되었습니다. 심리 스트레칭을 통해 스트레스를 준 당사
자에게 상상으로 감정을 풀어내는 과정을 거쳤고, 그로 인해 시원
함을 느낄 수 있었습니다.

우울하고
무기력합니다

상담사: 편안한 자리를 생각해 보세요. 어떤 장소가 생각나시나요?

내담자: 특별한 장소는 없습니다.

상담사: 네, 숨을 크게 쉬시고, 눈을 감아보세요

내담자: 네.

상담사: 주변에 사람들이 있습니까?

내담자: 사람들을 좋아하지만, 한 명과 있으면 불편합니다.

상담사: 그럼, 혼자 산책을 해 볼까요?

내담자: 편안하게 산책을 하고 있습니다.

상담사: 주변에 보이는 것을 말씀해 보세요.

내담자: 큰 나무가 보이고, 새도 보입니다.

상담사: 또 다른 것은 보이지 않나요?

내담자: 물이 흐르는 것이 보입니다.

상담사: 산책하고 있는 자신의 표정이 어떤가요?

내담자: 네, 편안합니다.

상담사: 걸어왔던 길을 되돌아보세요. 어떤가요?

내담자: 침침하고, 어둡고, 끈적하고, 무겁고...

상담사: 선생님은 과거에 이런 것이 있을 때에 어떻게 하셨나요?

내담자: 그것을 지켜보다가, 시간이 지나면 적응하고, 받아들입니다.

상담사: 그러셨군요. 이제는 달리 행동하겠습니다.

　　　　침침하고, 어둡고, 끈적하고, 무거운 것을 처리하고자 합니다. 어
　　　　떻게 할까요?

내담자: 햇빛에 말리면 좋겠습니다.

상담사: 그럼, 햇빛에 말리기 전에 불로 태우고 볕에 말리겠습니다.

내담자: 네, 태우고 말리고 있습니다.

상담사: 태우고 말린 땅에 새순이 올라오는 것이 보일 겁니다.

내담자: 네, 보여요.

상담사: 이름을 무엇이라고 지을까요?

내담자: 희망이라고 지을게요.

상담사: 그럼, 희망이라는 새순에 물을 주고 키워보세요.

내담자: 나무가 마음대로 자라기를 두고 싶습니다. 모양은 옆으로 마음대
　　　　로 크도록 두겠습니다.

상담사: 네, 원하시는 대로 나무가 마음대로 클 수 있도록 두겠습니다. 얼
　　　　마만큼 커졌나요?

내담자: 길 옆에 있는 나무와 키가 비슷해졌습니다.

상담사: 나무에 열매가 열립니다. 어떤 열매가 좋겠습니까?

내담자: 만족, 행복, 보람

상담사: 이것을 보는 선생님의 표정은 어떤가요?

내담자: 흐뭇하고, 만족스럽습니다.

상담사: 마음은 어떤가요?

내담자: 편안합니다.

설명 　내담자는 가족을 잃고 우울하고 무기력하게 살아왔습니다. 또 다른 가족이 있기에 일상생활은 하고 있지만, 삶의 의욕은 잃은 상태입니다. 스스로에게 긍정적인 이야기를 하는 것이 억지스럽게 느껴집니다. 이러한 상황 속에서 마음속의 양가적인 생각과 감정을 명확하게 표현하기로 결심하며, 자신을 돕고자 하는 의지를 보입니다. 미래를 향한 작은 마음을 크게 부각시키면서 삶의 태도를 변화시키려 노력합니다. 심리 스트레칭을 한 후, 내담자는 미소를 머금고 대화하게 되었습니다.

몸이
무겁습니다

상담사: 눈을 감고 자신의 모습을 상상해 봅니다. 어떤 자리가 편안할까
　　　　요?

내담자: 동해에서 바다를 보고 있습니다.

상담사: 또 무엇이 보이나요?

내담자: 흐린 날씨지만 시원한 파도가 치고 있습니다.

상담사: 파도를 보고 있는 선생님의 표정은 어떠신가요?

내담자: 무표정입니다.

상담사: 하늘을 쳐다보세요.

내담자: 구름이 보입니다.

상담사: 구름이 걷힌 후에 맑은 하늘을 상상해 보세요.

내담자: 구름이 걷히고 햇살이 어깨 위에 내려오면서 얼굴도 밝아지고 있
　　　　습니다.

상담사: 또 무엇이 느껴지시나요?

내담자: 몸에서 슬라임 같은 것이 흘러 내려서 바다로 빠져 들어가고 있습니다.

상담사: 네, 더 많은 슬라임이 빠지는 것을 지켜보세요.

내담자: 네.

상담사: 지금 어떠세요?

내담자: 몸이 조금 가벼워진 것 같습니다.

설명 내담자는 고된 하루 일과 속에서 대화할 사람 없이 일에만 몰입해야 하는 직장인입니다. 이러한 상황에서 느끼는 답답함과 미래에 대한 의미 있는 삶에 대한 갈망이 있지만, 늘 시간에 쫓기며 살아갑니다. 슬라임이 자신에게서 빠져나가는 것을 경험하면서 몸과 마음이 훨씬 가벼워졌고, 이를 통해 시간에 쫓기지 않으려는 노력을 시도하게 되었습니다.

생각이 너무
복잡해요

상담사: 눈을 감고 등을 의자에 붙입니다. 상담실에 앉아 있는 자신의 모습을 상상해 보세요. 어떻게 보이시나요?

내담자: 머리에는 실이 엉겨있고, 팔이 무겁게 느껴집니다.

상담사: 선생님은 기독교 신자이신 것으로 알고 있습니다. 하나님께서 선생님을 돕기 위해서 천사를 보내십니다. 천사의 모습을 상상해 보세요.

내담자: 생각이 나지 않아요.

상담사: 선생님이 상상하시는 모습의 천사를 그려보세요.

내담자: 작은 천사가 옆에 서 있습니다.

상담사: 좀 더 큰 천사를 보여 달라고 말해보세요. 선생님보다 더 큰 천사를 생각해 보세요. 도움을 받을 수 있을 정도로 큰 천사를 생각하세요

내담자: 큰 천사가 나를 내려다보고 있어요.

상담사: 그러면, 머리에 있는 엉긴 실을 어떻게 하기를 원하세요.

내담자: 어쩌면 좋죠.

상담사: 풀기보다는 끊어내면 어떨까요?

내담자: 네, 좋아요.

상담사: 천사에게 머리를 만져달라고 하시고, 실을 끊어달라고 하세요.

내담자: 천사가 머리를 만지고 있어요. 천사가 만질 때에 실이 벗겨졌어요.

상담사: 실을 어떻게 처리하기를 원하시나요?

내담자: 불에 태울까요?

상담사: 네, 그렇게 하세요.

내담자: 천사가 실을 불에 태우고 있어요.

상담사: 혹시 몸에 변화가 있나요?

내담자: 팔이 편안해지고, 웃음이 납니다.

설명 내담자는 복잡한 생각이 명료하게 드러나지 않지만, 이러한 생각들이 신체화 증상으로 나타나 어깨와 팔의 긴장을 유발하고 있습니다. 복잡한 생각을 단순화할 수 있다면 더 나아갈 수 있을 것 같지만, 내담자는 자기 보호를 위해 이러한 복잡한 생각을 드러내지 않고 있습니다. 먼저 긴장을 이완하는 효과를 경험할 수 있도록 했으며, 내담자의 종교적 배경을 상상 속에 등장시키고 이를 통해 문제를 해결하도록 유도했습니다.

머리에
두통이 있습니다

상담사: 눈을 감고 길게 호흡하세요. 어디에 계신다고 생각하시면 편안하
　　　　시겠습니까?

내담자: 거실의 소파가 좋아요.

상담사: 몸의 감각을 느껴보세요.

내담자: 머리에 두통이 있어요.

상담사: 두통이 어떻게 생겼을까요? 모양으로 만들어 보세요.

내담자: 동그랗고 베이지색이에요. 야구공처럼 생겼어요.

상담사: 선생님께서 머리에서 야구공처럼 생긴 두통을 끄집어내세요.

내담자: 네.

상담사: 어떻게 처리하면 좋을까요?

내담자: 멀리 날려 버렸으면 좋겠어요.

상담사: 네, 선생님의 손으로 멀리 날려보세요.

내담자: 날려 보냈어요.

상담사: 선생님, 머리의 두통이 아직 남아 있나요?

내담자: 아니요, 없어졌어요.

상담사: 또 다른 몸의 불편감이 있으신가요?

내담자: 발에 찬 기운이 있어요.

상담사: 그럼 발의 찬 기운을 없앨 수 있는 방법이 있을까요?

내담자: 집에 건식 족욕기가 있어요.

상담사: 네, 그러면 족욕기에 불을 가득 넣어보겠습니다.

내담자: 찬 기운이 밖으로 나가는 것 같아요.

상담사: 불의 기운이 어디까지 올라왔나요?

내담자: 가슴까지 올라온 것 같습니다.

상담사: 어디까지 올릴까요?

내담자: 그만해도 될 것 같아요.

상담사: 어떠신가요?

내담자: 발이 따뜻해진 것 같습니다. 생각만 해도 이럴 수 있네요.

설명 내담자는 나이가 들면서 취업이 어려워지고, 잡생각으로 인해 두통을 느끼고 있습니다. 노년에 대한 걱정과 염려로 인해 잠을 잘 이루지 못하며, 신체적인 연약함도 실제로 느끼고 있습니다. 그러나 내담자는 기본적으로 종교 생활을 하고 있어, 상상하고 믿는 것이 다른 사람들보다 상대적으로 쉬운 편입니다. 이를 통해 신체적, 정신적 어려움을 극복할 수 있는 방법을 모색하고 있습니다.

암이라고 합니다

상담사: 눈을 감으시고 호흡을 하세요. 편안한 자리를 생각해 보세요.

내담자: 거실에 리클라이너에 앉아 있습니다.

상담사: 네, 예수님을 불러보세요.

내담자: 말씀이 내 몸을 감싸는 것을 느낍니다.

상담사: 예수님의 손을 생각해 보세요. 머리부터 쓰다듬어 주십니다.

내담자: 네, 예수님의 손이 느껴집니다.

상담사: 피를 흘리신 두 손을 선생님의 가슴으로 가져오세요.

내담자: 네, 예수님의 손이 보입니다.

상담사: 예수님의 손이 선생님의 내장을 조몰락거리는 것을 상상해 보세요.

내담자: 예수님께서 내장을 만질 때에 암이 똘똘 뭉쳐지는 것이 보입니다.

상담사: 어떻게 되고 있나요?

내담자: 암덩어리가 똘똘 말리고, 그것을 밖으로 버리십니다.

상담사: 의사의 손을 통해서도 이와 같이 하실 것입니다.

내담자는 반복된 심리 스트레칭을 통해 실제로 어떤 변화를 기대했지만, 변화가 없다고 느꼈습니다. 그럼에도 불구하고 심리 스트레칭을 통해 소망을 품고, 보다 적극적인 치료에 임할 수 있도록 지원받게 되었습니다. 이러한 과정을 통해 내담자는 치료에 대한 긍정적인 태도를 유지하게 되었으며, 변화의 가능성을 다시금 바라보게 되었습니다.

편두통과 허리 통증과
다리 저림이 있어요

상담사: 어디에 계신다고 생각하면 편안하시겠어요?

내담자: 집안에 침대 위가 편합니다.

상담사: 눈을 감고 상상해 보세요.

내담자: 침대 위에 비스듬히 앉아 있어요.

상담사: 현재 선생님의 신체감각에서 불편한 곳이 있으면 말해보세요.

내담자: 머리에 편두통이 있고, 허리 통증, 다리 저림이 있어요.

상담사: 편두통, 허리통증, 다리 저림을 모양으로 만들어 봅니다.

내담자: 편두통은 삼각형 모양의 붉은색에 크기는 머리 크기만 합니다.

상담사: 허리와 다리는요?

내담자: 허리 통증은 번개처럼 생겼고, 다리 저림은 구름이라고 하고 싶어요.

상담사: 네, 위의 모양들을 어떻게 하면 좋을까요?

내담자: 불에 태울래요.

상담사: 불에 태워보세요. 잘 타고 있나요?

내담자: 잘 타지 않아요.

상담사: 그럼, 기름을 부어보세요. 어때요?

내담자: 잘 타고 있어요.

상담사: 편두통이 있던 자리에 무엇을 집어넣을까요?

내담자: 사랑을 넣고 싶어요.

상담사: 거기에 시원함도 함께 넣어도 될까요?

내담자: 네.

상담사: 허리와 다리에도 좋은 것으로 넣어보세요.

내담자: 편안함으로 넣고 싶어요.

상담사: 네, 넣어보세요. 그리고 침대에 비스듬히 앉아 있는 자신을 바른
자세로 바꿔보세요.

내담자: 네.

상담사: 엄마를 불러보세요.

내담자: 네.

상담사: 엄마가 어디에 계시나요?

내담자: 엄마가 침대 위에 편안하게 웃고 있어요.

상담사: 엄마에게 말합니다. '이제 나는 엄마의 엄마가 아니야'

내담자: 이제 나는 엄마의 엄마가 아니야

상담사: 엄마의 표정이 어떤가요?

내담자: 무표정으로 가만히 바라보고 있어요.

상담사: 이제, 이렇게 말하세요. '엄마, 고마워'

내담자: 엄마 고마워, 엄마의 웃음이 사라졌어요.

상담사; 엄마에게 말하세요. '그래도 엄마를 사랑해'.

내담자: 그래도 엄마를 사랑해, 엄마의 얼굴이 편안해졌어요.

상담사: 엄마에게 하고 싶은 말을 하세요.

내담자: 난 항상 엄마 편이야.

상담사: 엄마가 하시는 말씀을 들어보세요.

내담자: 지금 너로서 좋다.

상담사: 무슨 뜻인가요?

내담자: 힘들게 노력하지 않아도 괜찮다고 해요. 얼굴은 편안하게 보여요.

상담사: 네, 선생님은 마음은 어떠세요?

내담자: 마음이 편안합니다.

상담사: 머리 두통은 어떠세요?

내담자: 아무렇지 않아요.

상담사: 심리 스트레칭을 하기 전에는 두통이 있다고 하셨는데요?

내담자: 이제는 두통이 없어졌어요.

상담사: 허리와 다리는 어떠세요?

내담자: 허리 통증도 없어지고, 다리 저림도 없어졌어요.

내담자는 나이 든 엄마를 보살펴야 하는 고달픔을 느끼고 있으며,
형제들은 외면하지만 자신은 책임감을 가지고 엄마를 돌보려고 합
니다. 형제들의 도움이 절실하지만 당당하게 요구하지 못하는 상황
에서 홀로 책임감에 열심히 살아온 내담자에게 신체화 증상이 나타
났습니다. 심리 스트레칭을 통해 감정과 신체의 긴장을 이완한 결
과, 이후 통증이 뚜렷하게 회복되는 긍정적인 변화를 경험하였습니
다.

불안하면
배탈이 생겨요

상담사: 눈을 감으시고, 긴 호흡을 해 보세요. 눈을 감은 채로 신체의 감각
　　　　을 느껴보세요

내담자: 아무것도 느껴지지 않아요.

상담사: 네, 괜찮습니다. 머리부터 내려가면서 특별하게 느껴지는 신체의
　　　　부위가 있는지 살펴보세요. 후각, 청각, 감각을 느껴보세요.

내담자: 차 소리와 밖에서 사람들의 소리가 들립니다.

　　　　손에 힘을 주고 있고, 온몸에 힘이 들어 있는 것 같습니다.

상담사: 무엇이 더 느껴지시나요?

내담자: 눈을 감고 있는데, 무서워요.

상담사: 무서움이 무엇인지 피하지 마시고, 그것을 향해서 쳐다보세요.

내담자: 성탄절에 새벽에 교회를 가는데, 선생님도 친구도 없어서 의지할
　　　　사람이 없어요.

상담사: 지금 어디를 걷고 있나요?

내담자: 시골길을 걷고 있는데, 발에 차여서 넘어질까 염려가 됩니다.

상담사: 그러면, 교회로 가는 길이니 예수님을 생각하면서 걸어볼까요?

내담자: 예수님을 생각하니까 마음이 평안해졌어요.

설명 내담자는 불안의 원인을 알 수 없지만, 혼자 있을 때 불안이 가중되는 것을 경험하고 있습니다. 불안할 때 신체 증상이 즉각적으로 나타나는 반면, 마음이 평안해지면 신체 증상이 사라지는 것을 인지하고 있습니다. 이러한 불안은 장의 취약성과도 관련이 있으며, 내담자의 무의식 속에서 혼자 있는 상황이 연상됩니다. 따라서 누구와도 함께할 수 없는 상황에서 신앙의 대상을 바라보는 것이 평안을 되찾고 신체 증상을 줄이는 데 도움이 되었습니다.

더 살고자 하는
마음이 없습니다

상담사: 눈을 감고 긴 호흡을 하세요. 편안한 자리를 상상해 보세요.

내담자: 거실의 소파에 앉아 있습니다.

상담사: 선생님의 얼굴을 상상하실 때에 표정은 어떤가요?

내담자: 나쁘지는 않습니다.

상담사: 네, 천사를 상상해 보세요.

내담자: 날개를 단 조그만 천사가 보입니다.

상담사: 네, 천사에게 선생님의 폐를 만지게 합니다. 손을 넣어서 폐에서
발견된 종양의 덩어리를 만지게 하세요.

내담자: 천사가 만지니까 점점 작아집니다.

상담사: 좀 더 만지게 하세요.

내담자: 점점 작아져서 없어졌습니다.

상담사: 이제는 무릎 속에 뼈를 천사가 만지도록 허락합니다.

내담자: 천사가 무릎을 만질 때에 따뜻해지는 것을 느낍니다.

상담사: 좀 더 만지도록 두세요.

내담자: 네, 편안해집니다.

설명 내담자는 폐에 종양이 발견되어 조직검사를 받기로 했습니다. 폐암일 것으로 추측되면서 삶에 대한 의지가 없어 보였고, 낙심된 마음을 가지고 있었습니다. 그러나 심리 스트레칭을 통하여 소망을 가지는 기회가 되었고, 신앙을 통해 자신의 믿음을 입증하는 계기가 되었습니다. 비록 의학적인 진단이 없지만, 무릎이 따뜻해지는 경험을 통해 치유를 믿는다고 고백하게 되었습니다.

방광의 통증이 너무 심해서
자신감이 없습니다

상담사: 선생님께서 편안하다고 생각하시는 곳을 말씀해 보세요.

내담자: 거실의 쇼파가 편안합니다.

상담사: 네, 무엇을 하고 있나요?

내담자: 무엇을 하지 않고, 멍 때리고 있습니다.

상담사: 상상으로 하세요. 팔로 머리부터 쓸어내립니다. 어깨와 팔다리에 쓸어내립니다.

　　　　어떠신가요?

내담자: 아무렇지도 않습니다.

상담사: 그럼, 한 번 더 쓸어내리세요. '수고했다'라고 말을 해주세요.

　　　　이제 손을 방광에 갖다 놓으세요.

내담자: 네.

상담사: 방광안에 있는 통증을 모양으로 만들어 보세요.

내담자: 동그랗고 작은 뿔이 달린 흰색 공처럼 생겼어요.

상담사: 그럼, 그 공을 방광에서 끄집어 냅니다.

내담자: 잘 안돼요.

상담사: 말로 '나와라'라고 하세요. 다시 공을 끌어내세요. 어떠신가요?

내담자: 네, 나왔어요.

상담사: 이제 어떻게 하고 싶으세요?

내담자: 발로 밟고 싶어요.

상담사: 발로 밟으세요. 또 어떻게 하고 싶으세요?

내담자: 불에 태우고 싶어요.

상담사: 네, 불에 태워보세요. 잘 타고 있나요?

내담자: 네.

상담사: 불에 타지 않으면 기름을 부으세요.

내담자: 잘 타고 있어요.

상담사: 방광에서 통증이라는 공이 나왔습니다. 빈 자리에 무엇을 넣을까요? 편안함이 좋을까요?

내담자: 아니요, 자신감을 넣고 싶어요.

상담사: 네, 자신감을 넣어봅니다. 자신감은 어떻게 생겼나요?

내담자: 파란색의 동그란 공처럼 생겼어요.

상담사: 가득 채워봅니다. 어떠세요?

내담자: 편안해지고 밝아지고 있어요.

설명 　내담자는 방광염으로 인한 통증으로 사람을 만나는 것조차 힘들어하고 있습니다. 신체적인 고통은 자신감을 저하시켜 아무런 일도 하지 못하게 만들고 있습니다. 방광염이 치료되기만 해도 자신감을 회복할 수 있을 것으로 기대하고 있습니다. 신체적인 질병은 의사들이 다루는 영역이지만, 정신적인 문제와도 밀접하게 연결되어 있습니다. 심리적인 문제로 인해 신체화 증상을 겪는 사람들이 많기 때문에, 이러한 접근은 다른 이들에게도 적용할 수 있을 것입니다.

가슴이 짓눌려요

상담사: 눈을 감고 긴 호흡을 합니다. 몸의 감각이 어떤지 말씀해 보세요.

내담자: 귀가 막힌 것 같고, 가슴이 짓눌리는 것 같아서 답답해요.

상담사: 또 다른 곳의 증상이 있으면 말씀해 보세요.

내담자: 팔다리가 쑤시고 무거워요.

상담사: 천사를 불러오세요.

내담자: 천사가 왔어요.

상담사: 어떻게 생겼나요?

내담자: 좀 무섭게 생겼어요.

상담사: 하나님의 천사를 보내달라고 말해보세요.

내담자: 네, 하얀 옷을 입고 밝은 천사가 왔어요.

상담사: 천사에게 귀, 가슴, 팔다리를 만져달라고 하세요.

내담자: 천사가 귀를 만지니까 귀가 열리고, 가슴을 만지니까 가슴이 약간 시원해졌어요.

상담사: 좀 더 만져 달라고 요구하세요.

내담자: 네, 좀 더 편안해졌어요.

설명 내담자는 스트레스와 허약한 체질로 고통받고 있으며, 가족을 위한 헌신으로 인내하며 자녀들을 돌보고 있습니다. 하지만 주변에는 그녀의 이야기를 들어줄 사람이 없어 외롭고 힘든 시간을 보내고 있습니다. 내담자의 아픔을 상담자가 이해하고 있었지만, 그녀는 위로받지 못하고 있었습니다. 심리 스트레칭을 통하여 몸의 상태가 호전되는 긍정적인 효과를 경험하게 되었습니다.

마음 근육을 키우는 심리 스트레칭

발목에 통증이 있어요

상담사: 선생님은 어디에 계시면 편안하신가요?

내담자: 침대 위에 앉아 있으면 편안해요.

상담사: 눈을 감고 숨을 쉬어 봅니다. 침대 위에 앉아 있는 자신을 상상해 보세요.

내담자: 네.

상담사: 어떤 표정으로 있나요?

내담자: 표정이 없어요.

상담사: 네, 신체감각을 느껴보세요. 어디가 편안한지, 어디가 불편한지.

내담자: 한쪽 발목에 통증이 있어요.

상담사: 네, 침대 위에 앉아 있는 모습을 상상하시면서, 상상 속으로 발목을 마사지합니다. 어떤 오일을 좋아하시나요?

내담자: 로즈마리요.

상담사: 네, 로즈마리 오일 한 방울을 떨어뜨리고 마사지를 해 주세요. 여기저기 조물락거려 보세요. 자신의 얼굴을 보세요.

내담자: 아무 표정도 없어요.

상담사: 네, 발목의 통증은 어떤가요?

내담자: 조금 편안해졌어요.

상담사: 다시 마사지를 합니다. 오일을 한 번 발라주세요. 발목을 마사지
합니다.

내담자: 네.

상담사: 얼굴 표정을 보세요.

내담자: 아무 표정도 없어요.

상담사: 네, 발목의 통증은 어때요?

내담자: 따뜻하고 부드러워요.

상담사: 침대에 누우세요. 얼굴 표정이 어떤가요?

내담자: 얼굴이 보이지 않아요.

상담사: 자신에게 격려를 해 준다면 어떤 말을 하고 싶으세요?

내담자: 괜찮아라고 하고 싶어요.

상담사: 네, 자기의 이름을 부르면서 괜찮아라고 말하세요.

내담자: ○○야, 괜찮아

상담사: 어떠세요?

내담자: 이마에 삐죽하게 왔다 갔다 하는데, 괜찮아라고 하니까 바르게 펴졌어요.

상담사: 마음은 어떠세요?

내담자: 편안합니다.

설명 내담자는 불안한 마음을 편안하게 하기 위해 정서 이완을 시도하던
중 신체적인 불편감을 느꼈습니다. 이때 심리 스트레칭을 통해 발

목을 만지며 통증을 완화시키고, 발목이 따뜻하고 부드러워지는 경험을 하게 되었습니다. 이를 통해 신체적, 정서적 안정을 동시에 찾을 수 있었습니다.

심리 스트레칭 실습지

	심리 스트레칭 예시 l	1	2	3	4	5
1	신체적으로 평안한 장소는 어디인가?	거실	침대			
2	편안한 자리를 상상한다면 어디인가?	교회	산			
3	현재의 신체감각에서 편한 곳과 불편한 곳은 어디인가?					
4	신체가 편한 곳은 잠시 즐긴다.	다리				
	신체적인 불편감이 있는 곳에 애착물건을 접촉한다.	머리				
	신체적인 불편감을 명명하고, 형상화시킨다.	검은 공같이 생김				
	형상화시킨 존재를 제거한다.	불에 넣음, 멀리 던짐				
5	좋은 것을 상상하여 불편한 곳이 있던 자리에 채운다.	희망	사랑			

	심리 스트레칭 예시 II	1	2	3	4	5
1	신체적으로 평안한 장소는 어디인가?					
2	편안한 자리를 상상한다면 어디인가?					
3	불편한 관계에 있는 사람은 누구인가?					
4	그에게 하고 싶은 말은 한다.					
	그에게 말하고 있는 자신을 본다.					
	나의 감정을 알아준다.					
	상대가 부정적으로 반응한다고 느끼면, 상대가 수그러질 때까지 더 강하게 자신의 의견을 어필한다.					
5	상대에 대한 변화된 감정을 인식한다.					

2부

심리 스트레칭을 더 이해하기

심상요법이란 무엇인가?

심상요법은 상상을 통해 신체적 및 심리적 증상을 치료하는 방법으로, 고대부터 전해 내려온 기법이다. 일반적으로 명상이나 참선, 기도와 같은 형태로 알려져 있으며, 개인의 탐색과 영적 세계에 대한 접근을 가능하게 한다. 그러나 학계에서는 이 방법을 주로 신체와 감정에 국한하여 연구하고 있다. 프랑스의 약사이자 심리치료사인 에밀 쿠에는 자기 암시를 통해 신체적, 정서적 치유를 도왔다. 심상요법은 자기 암시와 달리 특정 행동이나 언어를 정해두지 않고, 떠오르는 이미지를 따라가는 방식이다. 이 과정에서는 먼저 편안한 환경을 조성하고, 무의식에서 떠오르는 내용을 안전한 공간에서 탐색하는 것이 중요하다.

칼 융은 적극적 상상력(active imagination) 기법을 사용하여 내담자들이 자유롭게 명상한 후 그 내용을 이야기하게 하여 치유의 단서를 찾는 방법을 활용했다. 상담사는 내담자에게 자기 암시를 강요하거나 최면을 거는 것이 아니라, 내담자의 이야기를 경청하며 가이드 역할을 수행한다.

현대 상담에서는 정신세계를 논하는 것을 넘어 영성에 대한 논의가 활발히 이루어지고 있다. 특히 종교를 가진 사람들은 절대자와의 연결을 통해 더욱 편안한 공간을 찾을 수 있다.

이 책의 핵심은 내담자의 상상력이 자신의 욕구에 따라 건강한 방향으로 흐르는 것이며, 상담자는 이를 돕는 역할에 충실해야 한다는 점이다. 필자는 심상요법을 '심리 스트레칭'이라고 부르며, 기존 이론들을 접목하여 더 효과적인 결과를 기대하고 있다.

심상 요법을 사용하는 현장들

다음 내용은 미국 의사 데니스 M. 밀스타인이 의학사전 MSD 매뉴얼에서 밝힌 지시적 심상의 내용이다.

> 심신 의학의 일종인 지시적 심상은 이완 및 건강을 증진하고, 통증을 줄이거나, 암 또는 심리적 외상 등의 특정 질환의 치유를 촉진하기 위한 정신적 심상의 사용을 포함한다. 심상은 어떤 감각과도 관련될 수 있으며, 때로는 집단 환경에서, 자가 유도되거나 의료인에 의해 지시될 수 있다. 예를 들어, 암이 있는 사람은 백혈구의 군대가 암세포와 싸우는 심상을 상상하도록 도울 수 있다. 이완 기법(근육 이완과 심호흡) 및 최면요법과 함께 사용되는 심상은 특히 섬유근통 환자에서 통증을 줄이고 암 환자의 삶의 질과 치료를 견딜 수 있는 능력을 향상시키는 데 도움이 될 수 있다.

심상요법은 신체 이완과 건강 증진에 효과적이며, 신체의 통증 완화나 암 치료와 같은 다양한 의료 분야에서도 활용된다. 이 방법은 심리적 외상 치료에도 유용하다고 알려져 있다. 미국의 의료 현장에서는 의사들에 의해 일반적인 치료법으로 사용되고 있다.

칼 융은 '유도 주제 심상'이라는 개념을 통해 심상 체험을 설명한다. 이 방법에서는 상담자가 제시한 특정 주제를 내담자가 눈을 감고 체험하게 된다. 이러한 심상 체험은 내담자가 자신의 심리적 및 정신적 상태를 스스로 드러내는 과정이기도 하다. 이는 내담자가 자신의 마음을 이해하지 못하거나 드러내는 데 저항감을 느낄 때 유용하게 사용될 수 있다.

따라서 심상요법은 자신의 심리적, 신체적 건강을 위한 적극적인 치료 방법으로 활용될 수 있으며, 타인에게 자신의 마음을 드러내고 싶지 않은 경우에도 자신의 내적 욕구를 통찰할 수 있는 기회를 제공한다. 이를 통해 내담자는 보다 깊은 자기 이해를 바탕으로 치유의 과정을 경험할 수 있다.

호흡하기

호흡의 기본적인 목적은 삶의 의지를 나타내는 것이다. 이는 태어날 때부터 몸이 자연스럽게 반응하는 것으로, 자율신경계가 인간이 살아갈 수 있도록 돕는 역할을 한다. 심리적인 압박을 느낄 때, 우리는 무의식적으로 숨을 깊이 쉬는 경향이 있다. 긴장 상태에서 긴장을 풀고 나면 깊은 숨을 내쉬는 것도 생리적인 현상으로, 몸이 자기를 보호하기 위한 자연스러운 행동이다. 따라서 생리적인 호흡 패턴에 자신의 의지를 더해 조절하는 것은 좋은 습관이 된다.

반면, 불규칙한 호흡은 건강에 해롭다는 것은 잘 알려져 있다. 불안이나 분노, 흥분 상태에서는 호흡이 불규칙해지기 쉽다. 이러한 상황에서 의도적으로 자신을 돕기 위해 호흡을 조절하는 것은 매우 중요하다. 숨을 쉴 수 없는 상태에서 다른 사람의 도움을 요청할 때, 산소 호흡기가 필요하지만, 평소에는 자신이 스스로 호흡에 여유를 두는 것이 도움이 된다.

특히 제한된 시간 안에 일을 처리해야 할 때, 주변 사람들에게 급하게 보일 수 있다. 이럴 때는 "천천히 해, 뭐가 그렇게 급해?"라는 피드백을 받을 수 있지만, 다른 이들은 당신의 심리적 스트레스를 이해하지 못할 수 있다. 이런 상황에서는 의도적으로 깊고 길게 호흡하며 마음을 진정시키는 것이 중요하다. 일에 대한 스트레스나 타인의 평가에 신경 쓰기보다는 자신의 감정에 충실하고 호흡을 통해 자신을 진정시키는 것이 유익하다.

편안한 자리 찾기

심리 스트레칭을 시작하기 전에 편안한 자리를 마련하는 것이 중요하다. 일반적으로 의자에 앉거나 편안한 의자에 기대어 누워 있는 것이 좋다. 신체적으로 편안한 자리는 필수적이며, 이러한 공간은 내담자가 눈을 감고 이미지를 상상할 때 편안함을 느끼게 한다.

심리 스트레칭은 주로 눈을 감고 진행되므로 정서적인 안정이 가장 중요하다. 내담자가 눈을 감았을 때 불편하거나 두려운 감정이 느껴진다면, 그때는 눈을 떠서 호흡을 더 연습하도록 한다. 대개 눈을 감고 호흡을 하면 편안한 공간이 떠오르지만, 긴장하거나 불안한 경우에는 눈을 감는 것이 어려울 수 있다. 이럴 땐 충분히 호흡을 하며 눈을 뜬 상태에서 편안한 자리를 먼저 찾아보는 것이 필요하다.

내담자에게 편안했던 장소에 대해 질문하여, 그 장소를 찾도록 유도한다. 눈을 뜨거나 감는 것은 내담자의 선택에 맡기며, 어떤 이들은 눈을 뜬 상태에서도 이미지를 잘 떠올릴 수 있다. 필요에 따라 더 집중할 수 있도록 눈을 감아달라고 요청할 수도 있다.

눈을 감는 순간 캄캄한 환경에 당황스러움을 느낄 수 있기 때문에, 처음에는 눈을 뜬 상태에서 편안한 자리의 이미지를 그려보는 것이 좋다. 그런 다음 천천히 눈을 감으면서 이미지를 집중적으로 떠올리면 편안함을 더욱 느낄 수 있다.

편안한 자리의 사례
실내: 거실, 침대, 안방, 상담실
실외: 공원, 바다, 강, 개울, 하늘, 구름, 산

눈을 감고 상상하기

눈을 뜨고 상상할 때는 시각적인 정보에 집중되어 다른 감각들이 차단되기 쉽다. 이로 인해 의식적으로 다른 감각을 느끼려는 노력이 필요하다. 눈을 감으면 의식적인 정보뿐만 아니라 무의식적인 정보에도 접근할 수 있어,

내담자가 문제 해결을 위한 새로운 방법을 찾는 데 도움이 된다.

심리 스트레칭에서 내담자는 자신도 인식하지 못한 심상이 떠오를 수 있다. 이 과정에서 내담자는 자신의 내면에 깊이 숨겨둔 감정이나 생각을 발견하게 되며, 문제 해결의 가능성을 열게 된다. 일부 내담자는 상상할 때 아무것도 떠오르지 않는다고 할 수 있는데, 이때 상담자는 예시를 제공하지만, 어떻게 행동할지는 내담자에게 맡긴다. 상담자가 지시를 하더라도 내담자가 거부하면 내담자의 방식을 따른다. 상상력은 내담자만의 해결 방법을 찾는 과정이다.

내담자가 상담자의 지도아래 혼자서 여러 가지 가능성을 생각하고 시뮬레이션을 통해 최선의 방법을 찾아가는 것이다. 마치 AI가 여러 가능성을 조합하여 최선의 결과를 도출하듯, 우리도 다양한 가능성을 생각하고 느끼며 무의식을 활용해 문제를 해결할 수 있다.

호흡으로 좀 더 안정적인 자세를 만들기

상담실에 처음 방문하는 내담자가 느끼는 불안은 자연스러운 반응이다. 특히 낯선 환경에서 심리적으로 긴장하거나 경직된 모습을 보이는 것은 새로운 상황에 대한 인간의 본능적인 반응 중 하나다. 이러한 경우에 상담사는 내담자가 환경에 익숙해지도록 도와주는 것이 중요하다.

① 불안 완화를 위한 초기 대응

내담자가 상담실에 들어와 불안한 눈빛을 보인다면, 먼저 그들에게 상담실을 둘러볼 시간을 제공하는 것이 좋다. 낯선 장소에 대한 이질감을 줄이기 위해, 주변 환경을 눈으로 익히는 시간이 필요하다. 상담실의 분위기나 배치를 파악하면서 내담자는 점차 안정감을 찾을 수 있으며, 그로 인해 불안감이 완화된다.

② 심상요법에서의 불안 처리

심상요법에서는 내담자가 상상에 몰입할 수 있도록 눈을 감는 것이 중요하다. 그러나 눈을 감는 순간 불안이 올라와 눈을 뜨고 싶은 충동을 느끼는 경우도 있다. 이런 반응은 특히 예민하거나 불안한 상태의 내담자에게서 자주 나타나며, 이는 상담을 시작할 때부터 고려해야 할 중요한 요소다.

③ 호흡을 통한 긴장 완화

이러한 내담자에게 긴장과 불안을 완화시키기 위해 상담사는 호흡을 조절하는 방법을 제안할 수 있다. 역도 선수가 바벨을 들어 올리기 전에 긴장을 풀기 위해 깊은 숨을 쉬는 것처럼 긴 호흡은 긴장을 푸는 데 효과적이다. 내담자가 눈을 감는 것만으로도 불안을 느낀다면, 상담사는 내담자와 함께 긴 호흡을 하면서 신체의 긴장을 완화하도록 돕는 것이 좋다.

상담실뿐만 아니라 일상생활에서도 긴장과 불안을 느낄 때는 의도적으로 호흡을 조절하는 것이 도움이 된다. 근육에 힘을 주었다가 천천히 힘을 빼면서 깊은 숨을 내쉬는 방식으로 긴장을 푸는 것이 효과적이다. 이 방법은 즉각적인 안정감을 제공하고, 신체적 긴장감을 해소하여 마음의 평안을 찾는 데 도움이 된다.

이러한 방법들은 내담자의 심리적 안정을 돕는 중요한 도구이며, 상담사는 내담자가 상담실에서 편안함을 느끼고 자신을 표현할 수 있도록 이끌어야 한다.

상상을 위한 이미지 훈련

상상은 개인마다 다르게 경험될 수 있는 복잡한 인지 과정이다. 어떤 사람들은 머릿속에서 생생한 이미지나 장면을 떠올리기 쉽지만, 다른 사람들은 이미지를 전혀 떠올리지 못하고 글자나 개념으로만 상상할 수 있다.

① 아판타시아(Aphantasia)와 상상

아판타시아 증후군을 가진 사람들은 머릿속에서 이미지나 시각적인 장면을 떠올리는 것이 어렵거나 불가능하다. 이런 사람들은 어릴 때의 기억을 떠올리거나 상상할 때도 시각적인 요소보다는 단어, 개념, 또는 감정에

의존하는 경우가 많다.

② 우뇌와 좌뇌의 차이

우뇌는 주로 시각적이고 공간적인 정보 처리에 능하며, 색상, 모양, 이미지를 쉽게 상상한다. 구름을 상상하라고 하면, 구름의 모양, 크기, 색상을 생생하게 그려볼 수 있다.

좌뇌는 주로 언어적이고 논리적인 정보 처리에 능하며, 단어, 숫자, 개념을 주로 상상한다. 구름을 상상하라고 하면 '구름'이라는 글자나 그에 대한 개념이 먼저 떠오를 수 있다.

③ 심리 스트레칭에서의 활용

심리 스트레칭에서 상상을 사용하는 방법은 사람마다 다르게 접근해야 한다. 만약 이미지 상상이 어려운 사람이라면, 단어로 상상하거나 구체적인 개념에 초점을 맞추는 것이 좋다. 예를 들어 구름을 상상하기 어려운 사람에게는 구름의 속성을 글로 적어보게 하거나, 그와 관련된 느낌이나 기억을 떠올리게 할 수 있다.

④ 단어 상상 훈련

눈을 감고 '구름'이라는 단어를 떠올려본다. 그리고 구름의 모양, 크기, 색을 생각해 본다.

⑤ 감각적 상상 훈련

글자를 떠올리면서 그에 연결된 감각적 경험을 상상해 본다. 뭉게구름이라면 기분이 업되거나 상쾌함을 느낄 것이고, 장마기간의 짙은 구름이라면 음습하고 눅눅한 기분을 느낄 것이다.

⑥ 상징적 상상 훈련

특정 단어와 연결된 상징이나 개념을 떠 올려본다. 뭉게구름은 희망을 떠올리고, 먹구름은 다가올 시련을 상상할 수 있다.

상상은 사람마다 다르게 경험되며, 특히 심리적인 작업에서는 이 차이를 이해하고 개별적으로 접근하는 것이 중요하다. 좌뇌 중심의 사람들은 단어와 개념을 사용한 상상 훈련을 통해, 우뇌 중심의 사람들은 시각적 상상 훈련을 통해 심리적 스트레칭의 효과를 극대화할 수 있다.

그럼, 훈련을 해보자.

① 눈을 감고 숫자 1~10까지를 상상해 본다
② 네모, 세모, 동그라미를 상상해 본다
③ 숫자나 도형 위에 색상을 입혀본다

불안 수준의 체크

불안은 많은 사람들이 경험하는 감정으로, 특히 일상생활에서 다양한 상황에 따라 증대될 수 있다. GAD-7 검사는 일반적인 불안 수준을 평가하는 유용한 도구로, 불안감을 느끼는 다양한 상황을 구체적으로 질문하여 그 정도를 체크하는 데 도움을 준다.

1. 불안의 원인과 영향

① 불안의 발생

불안감은 주로 특정 사건이나 상황에 대한 지나친 걱정이나 두려움에서 비롯된다. 사람들은 불안을 느낄 때 특정 사건에 몰입하여 그로 인해 상상력이 과도하게 발휘되며, 부정적인 결과에 대한 예측을 하게 된다.

② 부정적인 연상작용

불안은 한 가지 사건에 집중하게 하고, 그 사건이 가져올 수 있는 여러 파국적인 상황을 상상하게 만든다. 이러한 사고의 반복은 "소설"처럼 계속 이어지며, 불안의 원인이 사라지지 않는 한 결말이 나지 않는 경향이 있다.

2. 현재를 통제하는 방법

① 호흡 조절

불안할 때는 호흡이 불규칙해지고, 이것이 불안을 악화시킬 수 있다. 깊게 숨을 들이쉬고, 느리게 내쉬는 연습을 통해 신체의 긴장을 완화하고 맥박을 안정시킬 수 있다.

마음 근육을 키우는 심리 스트레칭

② 안전한 공간 만들기

편안한 장소에서 호흡 연습을 하여 자신에게 안전한 환경을 조성하는 것이 중요하다. 안정된 환경은 불안을 감소시키는 데 도움을 줄 수 있다.

③ 현재에 집중하기

미래에 대한 걱정은 불안을 증대시킬 수 있다. 현재의 순간에 집중하고, 미래에 대한 지나친 걱정을 내려놓는 연습이 필요하다.

3. 마음의 여유 가지기

① 성급함 내려놓기

불안을 느낄 때 모든 것을 한 번에 해결하고자 하는 조급함이 문제를 악화시킬 수 있다. "지금 당장 변화를 원한다"는 성급한 마음을 내려놓고, 천천히 변화를 수용하는 것이 필요하다.

② 자신에게 친절하기

불안을 느끼는 것은 자연스러운 반응이며, 이를 인정하고 받아들이는 것이 중요하다. 스스로에게 부드럽고 친절한 태도를 유지하며, 감정을 있는 그대로 수용하는 것이 도움이 된다. 불안은 인간의 자연스러운 감정이지만, 이를 관리하는 방법을 알면 훨씬 더 건강하게 대처할 수 있다. 성급함을 내려놓고 훈련을 통하면 보다 평화로운 마음 상태를 유지할 수 있다. 이러한 방법들을 꾸준히 연습하면 불안이 줄어들고, 삶의 질이 향상될 것이다.

왜곡된 신념의 변화

한 사람의 세계는 우주와도 같아서, 겉으로는 비슷해 보여도 각 개인은 독특한 특성을 지니고 있다. "열 길 물속은 알아도 한 길 사람 속은 알 수 없다"는 말처럼, 사람의 마음을 완전히 이해하는 것은 쉽지 않다. 각 개인의 전 생애는 실처럼 가늘게 이어져 오다가 결국 밧줄이 된 신념으로 형성되며, 이 신념은 쉽게 변화하지 않는다. 하지만 이러한 신념이 기능적으로 잘 활용된다면 건강한 삶으로 이끌 수 있다.

아들러 심리학에서는 이러한 신념을 '사적 논리'라고 부른다. 사적 논리는 주관적이며, 객관적이지 않다고 볼 수 있다. 이 사적 논리가 공적 논리와 가까울수록 사회에 적응하는 행동을 하게 된다. 그러나 왜곡된 신념은 개인의 독특한 관점을 보여주지만, 사실이나 사건, 인물에 대한 올바른 인식을 방해한다. 왜곡된 신념은 고집을 불러일으키고, 심리 스트레칭을 통해 여러 가능성을 열어주면 이러한 왜곡된 인지가 변화할 수 있다.

예를 들어, 한 사람이 직장에서 동료의 괴롭힘으로 퇴사하게 되었을 때, 같은 직종에 다시 취업하는 것을 꺼리는 이유는 그 경험이 트라우마로 작용했기 때문일 수 있다. "이런 직업에는 그런 동료들밖에 없을 것"이라는 염려와 불안이 그 사람의 생각을 지배하게 된다. 이러한 왜곡된 신념은 결국 학력이나 재능이 부족한 곳에서의 취업으로 그를 이끌 수 있다.

따라서 심리 스트레칭을 통해, 좋은 관계를 유지했던 직장 동료를 떠올리게 함으로써 그 직장이 그렇게 힘든 곳만은 아니라는 정서적 경험을 하도록 유도할 수 있다. 이를 통해 내담자는 자신에 대한 인식을 새롭게 하고, 보다 적응적인 행동과 정서를 지닐 수 있도록 도와줄 수 있다.

신체의 변화와 상상

심리 스트레칭을 통해 접하는 일들은 종종 신체적인 변화를 동반한다. 단순히 마음의 편안함을 넘어 머리가 맑아지거나 짓눌린 가슴이 편안해지는 경험을 하게 된다. 이와 함께 신체의 불편감이 사라지면서 건강이 회복되는 사례도 많다. 심리적 작업이 신체에 직접적인 변화를 가져오는 것이다.

뇌에 대한 연구 결과는 몸과 마음이 하나라는 사실을 뒷받침한다. 맛있는 음식을 생각하면 기분이 좋아지고, 운동을 통해 즐거움을 느끼면 마음도 함께 즐거워진다. 심지어 운동을 하고 싶지 않아도 억지로 나가면, 오히려 운동을 마친 후에는 기분이 좋아지는 경우가 많다.

예를 들어, 두통으로 전화 상담을 요청한 경우가 있었다. 상담 중에도 두통이 계속되었는데, 그에게 눈을 감고 두 손을 머리에 얹고 쓰다듬는 상상을 하라고 안내했다. 그는 필자가 말한 대로 상상하였고 바로 두통이 해결된 적이 있다.

기독교는 이러한 과정을 '믿음'이라고 부른다. 믿음이란 자신이 원하는 것을 바라는 것이며, 이는 단순한 말에 그치지 않고 상상과 함께 이루어진다. 기도를 통해 자신의 소망을 표현하는 것이다. 불교에서는 무념무상을 가르치지만, 그 끝에는 인생의 궁극적인 목적을 해결하고자 하는 바람이 내포되어 있다. 우리 조상들은 물을 떠 놓고, 바라는 것을 상상하며 두 손으로 빌며 기도하는 방식으로 소망을 표현했다.

이처럼 심리적 상상력은 우리의 신체와 정신을 건강하게 유지하는 데 중요한 역할을 하며, 다양한 전통적 신앙에서도 그 가치를 발견할 수 있다.

편도체를 상상하는 법

편도체는 감정, 특히 두려움과 공포에 대한 반응을 조절하는 중요한 뇌기관이다. 심리 스트레칭은 이러한 감정적 반응을 조절하는 데 매우 유용한 방법이 될 수 있다.

첫째, 심리 스트레칭은 스트레스를 감소시키는 데 도움이 된다. 예를 들어, 안전하고 편안한 환경을 상상하는 것만으로도 편도체의 스트레스 반응이 완화될 수 있다. 이는 심리적 안정감을 높이고, 외부 자극에 대한 과도한 반응을 줄이는 데 기여할 수 있다.

둘째, 심리 스트레칭을 통해 감정 조절이 가능하다. 편안한 장소를 상상하면 불안이나 공포와 같은 부정적인 감정적 반응을 완화할 수 있다. 예를 들어, 화가 날 때 편도체의 이미지를 떠올리고 그 색을 붉은색에서 푸른색으로 바꾼다고 상상하면, 감정이 잦아들고 더 차분해지는 경험을 할 수 있다.

셋째, 심리 스트레칭은 감정적 기억을 재구성하거나 새로운 관점에서 바라볼 수 있도록 돕는다. 이는 과거의 부정적 경험에 대한 인식을 변화시키고, 긍정적인 감정을 유도하는 데 도움이 될 수 있다.

마지막으로, 심리 스트레칭은 신경 회로에 변화를 일으켜 감정을 긍정적으로 조절하게 만든다. 특정 감정을 떠올릴 때, 그 감정이 드러나는 신체적 반응을 상상하고 이를 조절하는 이미지를 떠올림으로써 감정 상태를 안정시킬 수 있다. 예를 들어, 화가 날 때 얼굴이 붉어지는 이미지를 점점 차가워지는 이미지로 바꾸는 것은 실제로 화가 가라앉는 데 도움을 줄 수 있다.

이러한 방법들은 편도체의 기능을 활용하여 감정적 반응을 조절하는 데 매우 유용한 도구가 될 수 있다.

내면가족치료체계(IFS)에서 내면의 비판자를 인식하기

심리 스트레칭을 통해 자신의 내면을 관찰하면, 종종 내면의 비판적 목소리, 즉 초자아가 강하게 작용하는 것을 발견할 수 있다. 이는 자기 개선을 위해 시작된 것이지만, 오히려 자신을 압도하고 압박할 수 있다. 내면 비판자들은 자신을 보호하려는 의도에서 비롯되지만, 그들이 지나치게 강력해지면 정서적 부담을 초래할 수 있다. IFS(내면가족체계) 치료에서는 이러한 내면 비판자를 7가지 유형으로 구분한다.

① 완벽주의자: 완벽주의자는 모든 일에서 완벽을 추구하며, 자신에게 매우 높은 기준을 요구한다. 끊임없는 자기비판으로 인해 작업에 몰두하고 성과에 만족하지 못하며, 실수를 용납하지 않으려 한다.

② 작업 감독자: 작업 감독자는 자신이 실패자로 보이거나 창피를 당하는 것을 두려워하여, 끊임없이 성장하고 성취하려는 강박을 부여한다. 이들은 자신에게 엄격한 훈련을 부과하며, 성과를 통해 자신의 가치를 증명하려 한다.

③ 내면 통제자: 내면 통제자는 자신과 타인의 위험한 생각이나 행동을 통제하려고 하며, 비난받는 것을 두려워한다. 이는 어린 시절 부모의 양육 방식에서 기인한 경우가 많다. 이들은 스스로와 타인에게 가혹하고 경직된 태도를 취한다.

④ 파괴자: 파괴자는 자기 가치를 인정하지 않으며, 자신에게 수치심을 심어준다. 존재 자체에 대한 무가치함과 우울감을 느끼게 하며, 내면 비판자 중 가장 강력하게 자신을 무력화시키는 역할을 한다.

⑤ 죄책감 고취자: 죄책감 고취자는 과거의 잘못을 끊임없이 상기시켜, 자신을 용서하지 못하게 만들고, 행복을 누릴 자격이 없다고 느끼게 한다. 이들은 타인의 기대에 부응하지 못했을 때 무자비하게 자신을 비난한다.

⑥ 순응 촉구자: 순응 촉구자는 자신을 특정 틀에 맞추려고 하며, 부모나 사회의 기대를 내면화하여 따르려고 한다. 만약 그 틀에 맞지 않으면 스스로를 비난하며, 타인의 사랑을 얻기 위해 자신의 주장을 억누른다.

⑦ 훼손자: 훼손자는 새로운 시도를 하지 못하게 하고, 실패나 위험을 강조하며 자신감을 훼손한다. 이로 인해 자신의 능력에 대해 부정적인 인식을 가지게 된다.

  심리 스트레칭을 통해 이러한 내면 비판자들을 발견하면, 그들의 존재를 인식하고, 그들이 마음에 미치는 부정적인 영향을 거절하는 것이 중요하다. 자신에게 부정적인 평가를 내렸던 경우, 그 말을 취소하고, 비판자를 상상 속에서 불러내어 추방하며, 그 자리를 긍정적인 이미지로 채우는 과정을 통해 자아를 회복할 수 있다. 이러한 작업은 스스로 할 수 있지만, 어려움을 느낀다면 상담자의 도움을 받는 것이 좋다.

심리 스트레칭에서 상담자를 초청하고 떠나보내기

  심리 스트레칭을 하는 동안, 때로는 혼자서 문제를 해결하는 것이 어려울 수 있다. 특히 특정 상황이나 이미지가 불안감을 유발하거나, 생각이 잘 떠오르지 않을 때가 있다. 예를 들어, 개를 집 밖으로 내보내는 상상을 해야 하는데, 개에 대한 두려움이 있거나, 그 상상을 제대로 수행하지 못할 때가 있을 수 있다.

이런 때에 마음속에서 자신이 신뢰하는 가족이나 지인을 상상하여 그들이 대신 행동하도록 할 수 있다. 예를 들어, 개를 무서워할 때 그 개를 내보내는 일을 가족이나 지인이 대신하도록 상상하는 것이다. 그러나 아무리 애를 써도 그런 인물이 떠오르지 않거나, 생각해 낸 인물도 불안감을 줄 수 있다면, 상담사의 도움이 필요할 수 있다.

① 상담사를 초대하기

상담사가 내담자와 함께 상담실에 있다고 상상하고, 상담사를 상상 속으로 초대하여 그가 문제 상황을 해결하도록 할 수 있다. 예를 들어, 상담사가 개를 내보내는 역할을 맡도록 하는 것이다.

② 상황 정리

상담사가 상황을 정리하고, 심상 작업이 종결될 때까지 내담자와 함께 있을 수 있다. 이 과정에서 상담사는 내담자가 안전하게 느낄 수 있도록 돕는다.

③ 허락과 동의

내담자가 상상하는 것에 대한 두려움이나 걱정이 있을 때, 상담사는 내담자의 허락을 받아 심상 속에 개입할 수 있다.

④ 상담사 외의 다른 인물

상담사 외에도 신뢰하는 다른 사람을 상상 속으로 초대할 수 있지만, 중요한 것은 모든 일을 그 사람에게 위임하지 않도록 하는 것이다. 내담자가 자신에게 주어진 문제를 해결하기 위해 적극적으로 참여하는 것이 중요하다.

⑤ 종교적 신념

어떤 사람들은 다른 사람의 도움을 받는 것을 불편하게 느낄 수 있다. 그런 경우, 자신이 믿는 종교의 절대자를 상상 속에 초대하여 도움을 요청하는 것도 하나의 방법이 될 수 있다.

심리 스트레칭은 내면의 문제를 해결하는 강력한 도구이지만, 혼자서 하기 어려울 때는 전문가의 도움을 받는 것이 중요하다. 특히 심상 작업이 내담자에게 큰 불안을 유발하거나, 혼자서 감당하기 어려운 경우라면, 상담사의 지지를 통해 안전하게 작업을 진행하는 것이 안전하다.

아들러심리학의 적용

아들러 심리학의 다섯 가지 기본 가정은 인간의 심리와 행동을 이해하는데 중요한 틀을 제공한다. 이를 바탕으로 심리 스트레칭에서 자신을 바라보는 방법을 설명하면 다음과 같다.

① 미래 지향성: 아들러는 인간이 과거에 의해 끌려가는 것이 아니라, 미래의 목표를 향해 나아간다고 보았다. 심리 스트레칭에서도 현재의 어려움에 머무르지 않고, 미래에 자신이 도달하고자 하는 목표를 상상하며 나아가는 것이 중요하다. 이 과정에서 긍정적인 목표를 설정하고, 그 목표를 향해 한 걸음씩 나아가는 상상을 통해 자신을 격려할 수 있다.

② 열등감 극복: 인간은 누구나 열등감을 가지고 있지만, 그것을 극복하고 유능감을 추구한다. 심리 스트레칭을 할 때, 자신의 단점보다는 장점에 초점을 맞추어야 하는 이유도 여기에 있다. 열등감을 느낄 때에는 자신이 가지고 있는 강점과 자원을 떠올리며, 그것을 통해 어려움을 극복할 수 있음을 상상하는 것이 도움이 된다.

③ 의식의 중요성: 아들러는 무의식보다는 의식을 강조하며, 인간이 현재의 현실에 대해 어떤 인식을 가지는가가 중요하다고 말한다. 심리 스트레칭에서 떠오르는 부정적인 이미지는 자연스러운 자동적 사고의 결과일 수 있지만, 이를 창조적으로 해석하고 긍정적인 방향으로 이끌어갈 수 있는 힘은 자신에게 있다. 이러한 자동적 사고와 논쟁을 벌이고, 스스로 긍정적인 변화를 만들어가려는 노력이 필요하다.

④ 사회적 관심과 공동체 의식: 인간은 사회적인 존재이며, 공동체 의식을 가지고 살아간다. 심리 스트레칭에서 등장하는 주변 사람들은 그들의 역할에 따라 긍정적이거나 부정적인 영향을 미칠 수 있다. 긍정적인 영향을 주었던 사람들과는 그 관계를 축복하고, 함께 즐거워하는 상상을 하는 것이 좋다. 반대로, 부정적인 영향을 준 사람이라면, 그들을 비난하기보다는 그들이 가진 상처를 이해하고, 불쌍히 여기는 마음을 가지는 것이 자신의 회복에 도움이 된다.

⑤ 통합적인 이해: 인간은 자신의 목표를 향해 통합된 전체로 이해되어야 한다. 심리 스트레칭을 통해 자신을 바라볼 때에도, 자신의 일부분이 아닌 전체로서의 자신을 인식해야 한다. 자신의 단점이나 어려움에만 초점을 맞추기보다는, 자신의 삶을 통합적으로 이해하고, 긍정적인 방향으로 나아가려는 노력을 지속하는 것이 중요하다.

심리 스트레칭은 단순한 상상이 아닌, 자신의 삶을 창조적으로 재해석하고, 긍정적인 방향으로 이끌어가는 강력한 도구가 될 수 있다. 부정적인 생각이 떠오를 때 그것에 압도되지 않고, 자신의 강점과 목표를 떠올리며, 긍정적인 변화를 만들어나가려는 노력이 필요하다. 또한, 이러한 과정에서 다른 사람들과의 관계를 통해 함께 성장하는 길을 찾아가는 것이 중요하다.

메타인지의 사용

메타인지는 자신의 사고와 학습 과정을 인식하고 조절하는 능력으로, 이를 활용한 심리 스트레칭은 자신의 감정과 인지 상태를 더 깊이 이해하고 조절하는 데 매우 유용하다. 메타인지를 적용한 심리 스트레칭 방법을 단계별로 정리하면 다음과 같다.

① 자신의 인지 과정 인식하기

첫 번째 단계는 자기 관찰이다. 이 단계에서는 자신의 생각과 감정을 관찰하며, 어떤 상황에서 어떤 감정이 떠오르는지 인식하는 것이 중요하다. 이를 통해 자신이 어떤 패턴으로 생각하고 느끼는지를 이해할 수 있다. 예를 들어, 특정 상황에서 불안감을 느낄 때, 그 불안이 어디에서 비롯되었는지, 어떤 생각이 그 감정을 유발했는지를 인식한다.

② 긍정적인 이미지로 감정 조절하기

심리 스트레칭을 통해 부정적인 생각이 떠오를 때, 그것을 긍정적인 이미지로 대체하는 연습을 한다. 예를 들어, 스트레스 상황에서 편안한 장소나 좋은 환경을 상상함으로써 부정적인 감정을 긍정적인 감정으로 전환할 수 있다. 이는 자신을 더 긍정적이고 안정된 상태로 유지하는 데 도움이 된다.

③ 합리적으로 사고 재구성하기

마음 근육을 키우는 심리 스트레칭

현실에서 아무것도 할 수 없는 것처럼 느껴질 때가 있다. 이때 메타인지를 사용하여 자신의 부정적인 자동적 사고가 합리적인지 다시 생각해 보는 것이다. 심리 스트레칭을 통해 "그럼에도 불구하고 내가 할 수 있는 것은 무엇인가?"를 상상하며, 부정적인 상황에서도 가능한 해결책을 찾는 연습을 한다. 이를 통해 상황을 더 현실적으로 이해하고, 자신에게 긍정적인 영향을 미치는 선택을 할 수 있다.

④ **인지적 유연성 기르기**

다양한 시각에서 문제를 바라보는 연습을 통해 인지적 유연성을 기른다. 심리 스트레칭에서 여러 가지 시나리오를 상상해 보고, 각각의 시나리오에서 자신이 할 수 있는 일을 생각해 보는 것이다. 예를 들어, 어떤 문제에 직면했을 때, 그 문제를 여러 각도에서 바라보고 다양한 해결 방법을 시도해 보는 것이다. 이는 사고의 유연성을 키우고, 문제 해결 능력을 향상시키는 데 도움이 된다.

⑤ **욕구 인식과 메타인지의 중요성**

심리 스트레칭에서 자신의 욕구를 알아차리는 것만으로도 큰 유익을 얻을 수 있다. 자신의 욕구를 명확하게 인식하면, 더 바람직한 결정을 내리는 데 중요한 근거가 된다. 메타인지를 통해 자신의 감정과 욕구를 명확하게 이해하고, 이를 바탕으로 현실적인 결정을 내릴 수 있다.

예를 들어, 사랑하는 사람에게 느끼는 혼란스러운 감정이나 분노가 사실은 그 사람을 너무 아끼는 마음에서 비롯된 것임을 깨닫게 되면, 그 감정에 대한 이해와 수용이 더 쉬워진다. 메타인지를 통해 이러한 감정을 분석하고, 그 감정이 어디에서 비롯되었는지를 이해함으로써, 실제로 그 감정에 머무는 것이 아닌, 긍정적인 방향으로 사고를 변화시킬 수 있다.

⑥ 아버지에 대한 사례

아버지에게 원망과 화가 있는 아들을 예시로 들 수 있다. 이 아들은 착한 아들로 살아왔고, 아버지에게 화를 내는 것이 잘못된 일이라고 생각해 왔다. 그러나 메타인지를 활용한 심리 스트레칭을 통해, 그는 사실 자신이 아버지와 잘 지내기를 원한다는 것, 그리고 자신의 감정을 풀 수 있는 능력과 책임이 자신에게 있다는 것을 깨닫게 된다. 이를 통해, 자신의 감정을 더 잘 이해하고, 아버지와의 관계를 개선할 수 있는 방법을 찾게 된다.

메타인지를 활용한 심리 스트레칭은 자신을 더 깊이 이해하고, 더 나은 방향으로 자신의 삶을 이끌어가는 데 강력한 도구가 될 수 있다.

게슈탈트에서 적용

게슈탈트 상담에서는 다양한 자각(awareness)을 통해 내담자가 자신을 깊이 성찰하고, 내면의 갈등을 해결할 수 있도록 돕는다. 이를 심리 스트레칭과 결합하여 효과적으로 적용하는 방법은 다음과 같다.

1. 자각

① 욕구와 감정의 자각

심리 스트레칭을 통해 내면의 욕구와 감정이 자연스럽게 드러날 수 있다. 이 과정에서 양가감정이 충돌할 때, 한 가지 감정이나 욕구가 우세하게 나타날 수도 있다. 예를 들어, 사랑과 미움이 교차하는 상황에서 심리 스트레칭을 통해 내담자는 자신의 감정을 더 명확하게 인식하고, 한쪽 감정에 집중해 결정을 내릴 수 있다.

② 신체 자각

신체 자각은 시각, 후각, 미각, 청각, 촉각을 통해 자신이 편안한지 불편한지를 인식하는 것이다. 심리 스트레칭을 통해 자신의 몸에서 일어나는 작은 변화들을 알아차리며, 이러한 신체적 반응이 내면의 상태를 반영하는 것을 깨닫게 된다. 이를 통해 내담자는 자신의 선택이 자신에게 어떤 영향을 미치는지 더 깊이 이해할 수 있다.

③ 환경 자각

환경 자각은 내담자가 자신을 둘러싼 환경을 어떻게 인식하는지를 말한다. 심리 스트레칭에서 내담자가 실내가 아닌 실외를 상상한다면, 이는 더 큰 자유를 갈망하고 있음을 알 수 있다. 반대로 혼자 있는 공간을 상상한다면, 내담자가 휴식이나 고독을 필요로 하고 있다는 신호일 수 있다. 이러한 자각을 통해 내담자는 자신의 환경에 대한 느낌과 욕구를 더 명확히 이해하게 된다.

④ 언어 자각

심리 스트레칭 동안 내담자가 반복적으로 사용하는 단어나 표현을 관찰하는 것은 매우 중요하다. 이는 내담자가 능동적인지, 수동적인지, 긍정적인지, 부정적인지 등을 파악하는 데 도움을 준다. 예를 들어, 내담자가 "해야 한다"는 표현을 자주 사용한다면, 이는 의무감이나 압박을 느끼고 있다는 신호일 수 있다.

2. 게슈탈트 상담의 적용 방법

① 현재 순간에 집중하기

내담자가 현재의 감정이나 신체 상태에 집중하도록 돕는다. 이는 현재의 변화에 몰입하게 하고, 현재 순간의 자각을 통해 더 깊은 자기 이해를 촉진한다.

② 내면의 다양한 부분과 대화하기

심리 스트레칭에서 내담자는 자신의 내면의 다양한 부분과 대화를 나눌 수 있다. 예를 들어, 내면의 아이와 성인, 또는 자신이 보는 나와 타인이 보는 나 사이의 대화를 시도할 수 있다. 이러한 대화를 통해 자아의 통합을 돕고, 내면의 갈등을 해소할 수 있다.

③ 감정과 내면 갈등의 상징적 표현

내담자가 심리 스트레칭을 통해 자신의 감정이나 내면의 갈등을 상징적으로 표현하도록 유도한다. 이는 문제를 더 명확하게 이해하고, 효과적인 해결 방법을 찾는 데 도움이 된다.

④ 상황 재현

심리 스트레칭에서 과거의 경험을 재현하거나, 현재의 갈등 상황을 재현하는 방법을 사용한다. 이를 통해 내담자는 과거의 감정을 해소하거나 현재의 문제를 재구성할 수 있다.

⑤ 감정의 시각적 표현

감정을 시각적으로 표현함으로써 내담자는 자신의 감정을 더 잘 이해하게 되고, 감정 처리의 방법을 찾는 데 기여할 수 있다. 이는 특히 복잡한 감정이나 이해하기 어려운 감정을 다룰 때 유용하다.

⑥ 치유적 상상을 통한 자기 효능감 및 통합 강화

심리 스트레칭에서 치유적 상상을 통해 내담자가 자신을 시각화하고, 긍정적인 변화와 성장을 경험하도록 돕는다. 이는 자기 효능감과 자아 통합을 강화하는 데 기여한다.

이와 같은 게슈탈트 상담의 자각 기법은 내담자가 자신의 경험을 보다 깊이 이해하고, 더 나은 선택을 하도록 돕는 강력한 도구가 된다. 심리 스트레칭을 통해 내담자는 자신을 더 잘 인식하고, 삶의 다양한 도전과 갈등에 대해 긍정적이고 창의적인 해결책을 찾을 수 있다.

EMDR 치료에서의 안전지대

EMDR(안구운동 둔감화 및 재처리) 치료는 심리적인 외상(트라우마)을 치료하는 효과적인 방법으로, 특히 부정적인 기억과 그로 인한 고통을 줄이는 데 사용된다. 이 치료법은 트라우마가 떠오를 때 상담사의 지시에 따라 눈을 좌우로 움직이는 반복 동작을 통해 고통의 수준을 낮추는 기법이다. EMDR 치료는 내담자의 심리적 안전과 안정감을 유지하기 위해 몇 가지 중요한 절차를 따른다.

1. EMDR 치료의 주요 요소

① 안전지대 만들기

안전지대는 내담자가 심리적으로 안전하고 편안하게 느낄 수 있는 장소나 상태를 의미한다. 이 안전지대를 통해 내담자는 자신의 내적 자원을 활용하여 트라우마를 다룰 수 있다. 안전지대를 확립하지 않으면 내담자는 긴장하거나 경직되어 자신의 자원을 충분히 발휘하기 어려워질 수 있다.

내담자는 오감을 활용하여 자신에게 안전하고 편안한 이미지나 감각을 떠올리도록 유도된다. 예를 들어, 평온한 자연 풍경이나 안정감을 주는 상징적인 이미지를 떠올리는 것이 도움이 될 수 있다.

② 호흡 이완 및 안정감 강화

내담자가 안전지대를 형성하는 데 어려움을 겪을 경우, 호흡 이완 기법을 통해 안정감을 높일 수 있다. 깊고 규칙적인 호흡을 통해 신체적 긴장을 완화하고 마음의 안정을 찾도록 돕는다.

또한, 내담자가 안정감을 느낄 수 있는 물건을 손에 쥐거나 접촉하도록 하여 심리적 안정을 촉진할 수 있다. 예를 들어, 심리상담 중 불안을 느끼는 내담자에게 인형을 만지거나 품도록 권하는 것이 한 방법이다.

2. 심리 스트레칭과 EMDR의 결합

심리 스트레칭 중 내담자가 불안을 느끼거나 트라우마가 떠오르는 경우, 이는 내담자에게 어려운 경험이 될 수 있다. 이때 EMDR 기법을 결합하여 내담자가 심리적인 안정을 되찾도록 도울 수 있다.

① 이미지 상상이 어려운 내담자

내담자가 이미지를 떠올리는 것에 어려움을 겪는 경우, 상담실에 상담사와 함께 있는 이미지를 상상하도록 권할 수 있다. 이는 내담자에게 심리적 안정감을 제공하며, 상상력을 자극하는 데 도움이 된다.

② 트라우마가 떠오를 때

심리 스트레칭 중에 트라우마가 떠올라 내담자가 압도되거나 더 이상 진행이 어려운 상황이 발생할 수 있다. 이때 EMDR 기법을 사용하여 눈을 좌우로 움직이면 내담자가 심리적 안정을 찾는 데 도움이 된다.

트라우마로 인해 심리적 안정이 흔들리는 경우, 상담사의 세심한 지도와 지원이 필요하다. 상담사는 내담자가 트라우마에 압도되지 않도록 주의 깊게 관찰하고, 필요한 경우 즉각적으로 EMDR 기법을 적용하여 안정감을 유지할 수 있도록 도와야 한다.

이러한 방법들을 통해 EMDR과 심리 스트레칭을 효과적으로 결합하면, 내담자는 자신의 트라우마를 안전하게 다루며 심리적 안정감을 유지할 수 있다. 이를 통해 치료 과정이 보다 원활하게 진행될 수 있다.

신경가소성

신경가소성 이론은 뇌가 새로운 지식과 경험에 반응하여 변화하고, 회복하는 능력을 강조한다. 이 이론은 뇌의 신경세포가 끊임없이 재조직되고, 새로운 연결을 형성함으로써 뇌의 기능을 유지하거나 개선할 수 있다는 것이다. 이를 통해 나이가 들어도 지속적인 학습과 새로운 경험을 통해 뇌를 젊게 유지할 수 있다는 것을 시사한다.

2024년 5월 10일 조선일보에 실린 김형석 교수와의 기자 간담회는 신경가소성의 이론을 잘 보여주는 사례이다. 김형석 교수는 104세의 나이에도 불구하고 끊임없이 지식을 갈구하며, 새로운 경험과 학습을 통해 자신의 뇌를 청년처럼 사용하고 있다고 말한다. 그는 99세에 일간지에 칼럼을 쓰기 시작했으며, 이를 통해 끊임없이 새로운 지식과 사고를 확장해 나갔다. 그의 사례는 나이가 들더라도 지속적인 학습과 활동이 뇌를 활발하게 유지하는 데 중요하다는 것을 보여준다.

① 새로운 경험과 지식의 중요성

김형석 교수의 사례처럼, 새로운 지식과 경험은 개인의 뇌를 활성화시키는 중요한 역할을 한다. 외국 여행을 통해 새로운 문화를 접하고, 독서를 통해 다양한 관점과 세계를 경험함으로써, 우리는 사고의 확장과 자아 성찰 능력을 키울 수 있다. 이러한 경험은 뇌의 신경세포들을 활성화시켜, 새로운 연결을 형성하게 하고, 이는 궁극적으로 뇌의 건강과 기능을 유지하는 데 기여한다.

② 심리 스트레칭과 신경가소성

심리 스트레칭 또한 신경가소성의 원리를 잘 적용할 수 있는 방법이다. 예를 들어, 나무를 상상하는 간단한 작업에서도 우리는 다양한 상상력을 발휘할 수 있다. 나무의 종류나 계절, 구체적인 모습 등을 생각하며, 자신의 상상력을 확장할 수 있다. 이 과정에서 뇌는 새로운 이미지를 형성하고, 이는 신경세포 간의 새로운 연결을 촉진하게 된다.

심리 스트레칭을 상담사와 함께 진행할 경우, 상상과 생각의 범위는 더욱 확장될 수 있다. 상담사의 안내를 통해 더 깊이 있고, 다채로운 상상을 하게 되며, 이는 신경가소성을 더욱 촉진하는 역할을 한다. 이러한 상상력의 확장은 새로운 지식과 경험을 얻는 것과 유사한 효과를 가져올 수 있다.

김형석 교수의 사례와 신경가소성 이론을 통해, 우리는 나이가 들어도 지속적인 학습과 새로운 경험이 뇌의 건강과 기능을 유지하는 데 얼마나 중요한지 이해할 수 있다. 심리 스트레칭과 같은 방법을 통해 뇌를 끊임없이 자극하고 발전시킬 수 있다는 점에서, 일상 속에서 이러한 활동들을 지속적으로 실천하는 것이 중요하다.

심리 스트레칭과 꿈

꿈은 인간의 심리와 감정을 깊이 반영하는 중요한 현상이다. 특히 예지몽, 개꿈, 악몽 등 다양한 종류의 꿈이 존재하며, 이를 해석하려는 노력은 많은 사람들이 공감하는 부분이다. 꿈을 해석하고 다루는 방식에 대해 다음과 같은 내용을 고려해 볼 수 있다.

1. 꿈의 본질

① 영상과 감정

꿈은 수면 중에 뇌에서 만들어진 다양한 영상과 소리, 감정을 포함한다. 이러한 경험은 무의식적인 사고의 표현일 수 있다.

② 해석의 어려움

꿈을 해석하는 것은 주관적이며, 같은 꿈이라도 개인에 따라 다르게 해석될 수 있다. 꿈의 해석이 항상 현실에 도움이 되는 것도 아니다.

2. 꿈 해석의 주의점

① 예지몽과 개꿈

많은 사람들은 꿈에서 일어난 일이 현실에서 발생할 것이라고 믿는다. 하지만 꿈이 현실과 연결된다고 단정 짓는 것은 위험할 수 있다.

② 악몽의 영향

악몽을 꾸고 난 후 불안감이나 우울감을 경험하는 사람도 많다. 이러한 감정은 꿈의 내용과 밀접하게 관련되어 있다.

3. 꿈 작업을 통한 치유

꿈을 다시 떠올리고 그 꿈의 상황을 긍정적으로 바꿔보는 작업을 통해 심리적인 치유를 도모할 수 있다. 회상몽의 경우에는 기억에 남는 꿈을 다시 생각해 보고, 그 안에서 해결되지 않은 감정이나 상황을 마무리하는 방법이다. 악몽은 꿈의 상황을 다시 떠올리고, 그 결말을 긍정적으로 상상하여 바꾸는 것이다.

4. 종교적 접근(기도의 역할)

종교를 가진 사람들은 악몽이나 불안한 꿈을 기도로 해결하려고 할 수 있다. 이는 심리적 안정감을 찾는 데 도움이 된다.

5. 사례

악몽으로 고통받는 내담자를 지원하기 위해 상담사는 꿈 작업을 통해 불안감을 해소할 수 있었다. 내담자에게 꿈속에서 상담사가 존재한다고 설정함으로써 내담자가 느끼는 불안을 줄이고, 상황을 긍정적으로 변화시킬 수 있었다. 이후에 내담자가 일상에서 느끼는 편안함이 증가했다.

꿈은 단순한 수면 중의 경험이 아니라, 개인의 심리적 상태와 직결된 중요한 요소다. 꿈을 해석하고 다루는 방법은 개인의 심리적 건강에 긍정적인 영향을 미칠 수 있으며, 이를 통해 불안을 해소하고 자신을 이해하는 데 도움이 될 수 있다. 심리 스트레칭을 통한 작업은 꿈의 내용을 재구성하고 긍정적인 방향으로 변화시킬 수 있는 좋은 방법이다.

양가감정

결정장애는 선택을 주저하고 정체되는 상태를 말하며, 일상적인 상황에서 나타날 수 있다. 예를 들어, 마라탕을 먹을지 갈비탕을 먹을지 결정을 못하는 경우가 있다. 이때 자신의 욕구뿐만 아니라 타인의 눈치까지 보게 되면서, 결정장애는 더욱 심화된다. 누군가 대신 결정해 주면 편할 수 있지만, 그 결과가 마음에 들지 않을 수도 있다.

결정장애는 자신의 욕구를 명확히 알지 못하거나, 관계가 불편해질까 봐 타인에게 이끌릴 경우에 생기곤 한다. 삶의 중요한 고비마다 이런 식으로 선택을 타인에게 맡기면, 자신이 원하는 삶을 살기 어려워질 수 있다. 물론 신뢰하는 사람에게 결정을 맡기는 것을 좋아하는 사람도 있지만, 인간은 자유를 사랑하며 스스로 선택할 수 있는 존재라는 점을 기억해야 한다.

양가적인 생각과 감정은 선택을 더욱 어렵게 만든다. 양가적이라는 것은 하나의 대상이나 상황에 대해 두 가지 상반된 생각과 감정을 동시에 느끼는 것이다. 이러한 복잡한 상태에서 자신에게 어떤 감정이 있는지 알아차리고, 그에 따라 행동하는 것이 중요하다.

삶이 불행하게 느껴지는 것은 주로 수동성 때문이다. 어쩔 수 없이 인내하며 살아가는 것을 미덕으로 여기지만, 이는 결국 자신의 선택이다. 그러므로 자신의 내면을 들여다보고, 명확한 생각과 감정을 바탕으로 선택하는 연습이 필요하다. 이렇게 하면 더 이상 다른 사람에게 끌려다니지 않고, 자기 주도적인 삶을 살아갈 수 있게 된다.

긍정적 정서와 부정적 정서

코넬대학의 엘리스 아이센 교수는 긍정적 정서와 부정적 정서가 사람의 행동에 미치는 영향을 실험했다. 연구에 따르면, 긍정적 정서가 높은 사람들은 창의성과 도전성이 더 높아지며, 새로운 것과 색다른 것을 추구하는 경향이 있다. 반면, 부정적 정서가 강한 사람들은 기존에 하던 대로 행동하는 익숙한 것을 선호한다. 이는 긍정적 정서가 사고를 유연하게 만들어 창의적인 행동을 촉진하는 반면, 부정적 정서는 변화를 두려워하게 만들어 기존의 방식에 머물게 한다는 것을 보여준다.

상담실에서 부정적 정서가 강한 내담자들은 자기 극복을 위해 찾아오지만, 그들의 변화는 미미하거나 거의 일어나지 않는 경우가 많다. 특히 부모나 배우자에 의해 강제로 상담에 온 경우에는 더욱 그렇다. 이러한 내담자들은 일반적인 대화에서는 진전이 없지만, 심리 스트레칭이라는 방법을 통해 긍정적인 변화를 경험할 수 있다.

심리 스트레칭에서는 부정적인 말이나 사건을 다루면서 자신의 부정적 정서를 객관적으로 바라볼 수 있는 기회를 얻게 된다. 예를 들어, 상담 중에 내담자가 책상 위의 쓰레기에 대해 귀찮다거나 어쩔 수 없다고 말하지만, 심리 스트레칭에서는 이 문제를 상상으로 처리하며 긍정적인 정서를 얻을 수 있다. 내담자가 하기 싫어할 때는 상담자가 함께 등장해 도와주는 역할을 하기도 한다. 이를 통해 내담자는 실제로 쓰레기를 치운 것과 같은 성취감과 긍정적인 정서를 느끼게 된다.

결국, 심리 스트레칭은 내담자가 새로운 가능성에 마음을 열고, 상상만으로도 긍정적인 변화를 경험하도록 도와준다.

도파민과 상상력

좋은 상상은 기분을 좋게 하고, 때로는 현실에서도 긍정적인 영향을 미친다. 상상이나 창의적인 생각을 할 때, 도파민이 분비되며 이는 성취감과 기쁨을 가져온다. 도파민은 성취감을 통해 인생에 대한 의욕과 용기를 주며, 창의적인 생각을 자극하고 촉진한다.

부정적인 상황에서도 새로운 관점으로 자신과 환경을 바라보는 것은 통찰력의 결과로 심리 스트레칭에서 이것을 기대한다. 도파민의 효과는 이러한 심리 스트레칭의 훈련 정도와 개인의 특성에 따라 달라진다.

신체 활동이 체력을 증진시키듯이 긍정적인 상상과 성취 경험이 도파민 분비를 촉진하고 이는 다시 긍정적인 사고를 강화한다. 이로 인해서 도전적인 상황에서도 즐거움을 느낄 수 있다. 예를 들어서 비 오는 날의 등산이 고생스러울 수 있지만, 친구들과 함께라면 그것이 희열로 바뀌며 도파민이 왕성하게 분비된다. 결국, 상상만으로도 성취와 보상을 느낄 수 있는 것이다.

심리 스트레칭을 할 때에 내담자는 이것 할 때뿐이라고 말한다. 그렇다. 이것을 할 때에 도파민이 분비되었다. 도파민의 양이 얼마나 나오는가에 따라 지속시간이 달라진다. 점심시간에 진수성찬을 먹게 되면 저녁은 먹지 않아도 배부르다. 그러나 내일 아침에는 허기를 느끼게 된다. 매일 밥을 먹었기에 체력이 유지되는 것과 같은 이치다. 그러므로 심리 스트레칭을 하는 시간만이라도 도파민이 나오도록 하는 것이 유익이 되지 않을까 생각한다.

의미를 달리 부여하는 작업

사람들은 단어의 의미를 국어사전에 정의된 대로 받아들이기보다는 자신의 경험과 신념에 따라 재해석한다. 예를 들어, '아름답다'라는 단어는 국립국어원 사전에 '균형과 조화를 이루어 눈과 귀에 즐거움과 만족을 주는 것'으로 정의되어 있지만, 필자는 '건강하고 깨끗한 것'을 아름답다고 느낀다. 이는 필자의 삶과 신념에서 비롯된 정의다.

사람들은 기본적인 국어 교육을 받았음에도, 각자의 삶의 경험에 따라 단어를 재해석하게 된다. 때로는 상처를 받은 경험 때문에 왜곡된 신념을 갖게 되어 단어의 의미를 본래와 다르게 부정적으로 받아들이기도 한다.

사람은 자신의 감정 상태에 따라 세상을 다르게 보게 된다. 사랑에 빠지면 세상이 아름답게 보이지만, 상처를 받으면 세상이 우울하게 느껴진다. 이런 감정에서 벗어나기 위해 혼자서 해결하려고 하면 더 깊은 고민에 빠질 수 있습니다. 이럴 때는 존경하는 사람들의 조언, 친구들과의 대화, 독서 등을 통해 지혜를 얻는 것이 도움이 된다. 또한, 심리 스트레칭을 통해 자신의 의식과 무의식을 탐구하며 답을 찾는 것도 유익할 것이다.

SP치료
(Sensorimotor Psychotherapy)

SP치료(감각운동 심리치료)는 신체와 감정을 통합하는 치료법으로, 심리 스트레칭에 다음과 같은 도움을 줍니다.

① 신체 인식: 신체의 감각을 통해 현재의 감정 상태를 알아차린다.
② 신체 활동: 신체의 움직임이나 자세를 통해 감정적 반응을 조절한다.
③ 마음과 몸의 연결: 신체, 감정, 사고의 연결을 통해 정서적 치유를 촉진한다.

심리 스트레칭 과정에서 신체의 특정 부위에 통증이 느껴지면 그 감정을 알아차리고, 애착물을 사용하거나 자세를 바꾸어 신체접촉을 이룸으로 통증을 완화시킴으로써 정서적 치유를 촉진할 수 있다.

SP치료의 초기 단계에서 증상 감소와 안정화를 경험하는 것은 심리 스트레칭을 통해 가능하다. 이 과정은 내담자의 자원을 개발하는 데 유익하며, 자원은 신체와 정서적 연결을 통한 치유 경험을 통해 유능감, 즐거움, 힘을 느끼는 것으로 나타난다.

필자가 경험한 SP치료 경험이다. 목에 대한 불편감을 느낄 때에 머플러로 목을 감았다. 잠시 후에 더욱 안정감을 느낄 수 있었다. 또한 머플러를 펼쳐서 등을 감싸고 슈퍼맨처럼 망토처럼 둘렀을 때에 다른 사람의 비난에 대해서 견딜 수 있을 것 같은 자신감이 생겼다. 심리 스트레칭에서도 내담자의 신체적인 불편감을 느낄 때에 부드러운 천이나 쿠션을 접촉함으로 좀 더 편안한 정서를 유지할 수 있다.

3부

마음과 인간 관계에 대한 담론

부정적인 생각과 싸우기

아침을 기분 좋게 시작하는 것은 중요한 일이다. 하지만 걱정거리와 기분 상하는 일들을 떠올리기만 해도 하루가 힘들어질 수 있다. 필자는 이를 극복하기 위해 상상을 통한 심리 스트레칭을 활용한다.

예를 들어, 부정적인 생각을 형상화한 후, 유도 기술을 사용하듯 상상 속에서 그 생각을 내던진다. 그러면 그 형상화한 것은 산산이 부서지며 몸에 쾌감이 생긴다. 부정적인 생각은 자동적으로 떠오르며, 심리학에서는 이를 "자동적 사고"라고 부른다. 아론 벡의 이론에 따르면, 우울한 사람들은 현실을 부정적으로 과장하거나 왜곡하는 경향이 있다. 이는 현대인들이 스트레스로 시달리며 흔히 겪는 현상이다.

따라서, 자신에게 책임을 전가하거나 그 생각의 주체를 따지기보다는, 부정적 생각을 제거하는 데 집중하는 것이 중요하다. 일상에서 발생하는 모든 문제를 상담사와 논의하기는 어렵기 때문에, 상상력을 활용해 부정적인 생각을 형상화하고 적절히 처리하는 방법이 유용하다. 실제로는 불가능한 일도 상상 속에서는 가능하다. 실제라면 가능하지도 않고, 그럴 힘도 용기도 없다. 그러나 상상이기에 가능하다. 상상으로 지구를 들 수 있는가? 그렇다 태양도 한 손으로 잡을 수 있다. 상상으로 부정적인 생각을 형상화하고 잡아채면 거꾸러뜨릴 수 있다. 부정적인 생각이 다시 일어나면 다시 엎어 눕

히면 된다. 그럴 때마다 내 안에는 쾌감이 생기는 것을 경험한다.

생각, 감정, 행동

사람들이 생각을 바꾸기 위하여 또 다른 생각들을 하게 된다. 지혜나 성공적인 이야기를 읽고 들음으로 생각을 바꾸려고 한다. 새로운 지식이 들어가면 생각이 바뀔 것이라고 생각한다. 지식이 곧 생각을 바꾼다는 도식은 말로는 쉽지만 그렇지가 않다.

생각을 바꾸기 위해서는 '아하'의 경험이 있어야 한다. 그런데 생각이 주는 '아하'보다 효과적인 것이 있다. 속담에 '부뚜막의 소금도 먹어야 짜다'고 했다. 먹는 행위는 경험을 말하는 것이다. 경험이라는 것은 느끼는 정서에 해당된다. 그러므로 생각을 바꾸려는 또 다른 시도를 한다면 경험을 해보는 것, 즉 감정이 달라지는 것을 시도하는 것이 좋다.

필자는 30세가 될 때까지 회라는 것은 한치회 밖에 먹을 줄 몰랐다. 지인들과 동해안으로 놀러 갔다가 회를 처음 먹게 되었다. 먹어본 적이 없는 횟감을 놓고, 망설이다가 주변에서 권하는 바람에 초장에 푹 찍어서 한 점을 먹었다. 회의 맛을 모르기에 고추장 맛으로 먹으려 했던 시도였다. 그런데 이게 웬 맛인가? 이제는 없어서 못 먹을 정도로 회를 좋아하게 되었다. 하나의 경험은 정서를 만들어 낸다. 회는 곧 즐거움, 기쁨이란 정서를 만들었다.

정서를 새롭게 경험하기 위해서는 행동을 해야 한다. 다른 사람이 먹어보는 것을 보며, '맛은 어때'라는 말은 소용없다. 머리에서는 회가 비린내가 많이 나고, 질겅질겅 씹히는 맛이 뭐가 맛있을까를 생각한다. 그러나 생각을 접고 젓가락으로 회를 집는 행위를 하면 결과는 달라질 수 있다.

흔히들 마음이 있어야 행동을 한다고 말한다. 마음이 생기지 않으면, 먼저 행동을 해 보는 것도 변화를 위한 한 방편이다. 달라질 것이 없다고 생각하는 순간부터 움직이지 않는 것은 모든 가능성들을 닫아버리는 어리석은 행위다. 생각이 달라지면 행동이 생기겠지만, 반대로 먼저 행동을 시도함으로 생각이 바뀌는 기회를 삼을 수도 있다.

한숨

숨을 크게 쉬어봐요
당신의 가슴 양쪽이 저리게
조금은 아파올 때까지
숨을 더 뱉어봐요
당신의 안에 남은 게 없다고
느껴질 때까지
숨이 벅차올라도 괜찮아요
아무도 그댈 탓하진 않아
가끔은 실수해도 돼
누구든 그랬으니까

이하이의 '한 숨'의 가사 내용이다. 옛 어른들은 한숨을 쉬면 복이 달아난다고 말씀하셨다. 한숨은 내면에 억눌린 것이 자연스럽게 나오는 생리적인 현상이다.

우리 민족은 인내의 민족이다. 한숨을 쉬지 말라는 것은 무언의 경고다. 어떤 어려움이 있어도 인내하라는 뜻이다. 그러나 한숨은 몸이 보내주는 경고의 신호다. 내 몸에 무리가 가는구나, 내 마음이 견디지 못하고 지르는 비명이구나로 알아들어야 한다.

나이가 들어서 무거운 짐을 들 때에 자신도 모르게 '어이쿠'라는 기합이 아닌 기합이 절로 나오게 된다. 몸이 이렇게 말하는 것이다. '무리하지 마세요.'

한숨은 자연스러운 현상이며, 몸이 보내는 신호다. 이런 때에는 의도적으로 더 큰 숨을 쉬어야 한다. 복식 호흡이든, 흉식 호흡이든 크게 숨을 한 번 쉬어야 한다. 몸의 근육이 이완되고, 심리적으로도 좀 더 편안한 것을 느끼게 될 것이다. 무언가에 집중할 때에 몸이 경직된다. 도서관에 앉아 있으면 졸릴 때가 있다. 모든 에너지를 머리에만 사용하는 것 같지만, 근육을 긴장시키는 것에도 사용된다. 기지개를 키고, 한숨을 쉬면 한결 새로워진다. 한숨을 우습게 보지 마라.

남자답다는 소리를 듣는 것이 칭찬인가?

남녀 누구나 할 것 없이 복근을 만들기에 열심이다. 예전에는 우람한 체격의 남성이 전형적으로 보였지만, 이제는 남녀평등의 사회에서 근육을 키우는 것은 남녀의 차별이 없다.

외향적인 성격이 남자답다는 말도 이제는 더 이상 할 수가 없다. 오히려 남성으로서 섬세한 사람들도 많이 보게 된다. 남자의 성격이나 여자의 성격이라고 정의하는 것은 더 이상 의미가 없다. 그럼에도 불구하고 남성다워야 하거나 여성다워야 한다는 인식이 남아 있다.

필자는 남자답지 못하다는 소리를 많이 들었다. 그래서 군대에 가서 좀 더 와일드한 보직으로 옮겨가겠다고 상관에게 요청한 적이 있었고, 실제로 좀 더 거친 보직으로 군 생활을 마쳤다. 갱년기를 지나서 다시 돌아보면, 필자는 다시 예전의 남자답지 못한 여성 호르몬으로 가득한 감수성이 넘치는 아저씨로 남아 있다. 그럼에도 불구하고 원망하거나 후회하지 않는다. 심리상담사로 다른 사람의 마음을 헤아리는 것에는 남자다움이 필요한 것이 아니라 섬세함이 필요함을 더 절실하게 느끼기 때문이다.

남녀에 상관없이 말을 잘하는 사람에 대해서도 부럽기만 하다. 소신 있게 자신의 생각을 표현하는 것은 멋있어 보인다. 수잔 케인은 '콰이어트'에서 십 대에 인싸가 아니라 앗싸로 있었지만 성인이 되어 비범한 창의력을 발휘하는 사람들을 소개한다. 하버드에서도 집단토론으로 지성을 높이고 표현력을 키움으로 보다 나은 사람을 만들려고 한다. 그런데 수잔 케인이 연구한 바로는 언변과 판단력은 비례하지 않는다고 한다.

말로써 다른 사람에게 호감을 주거나 목소리의 크기 때문에 영향력은 미치지만 항상 옳은 결정을 하는 것은 아니라는 것이다. 주변에 존재감을 느

마음 근육을 키우는 심리 스트레칭

끼지 못하는 사람이 있을지라도, 그는 어떤 것에 몰입하여 조용히 지혜와 지식을 키우고 있는지도 모를 일이다.

살아가는데 용기가 필요하다

기시미 이치로의 '사는 게 용기다'라는 책은 아들러 심리학이론에 따른 내용이다. 용기란 타자와 협력하고 사회적 관심을 표현해 내는 능력이라고 했다. 표현이란 언어, 행동, 몸짓도 해당되는 것이다. 그런데 이러한 자연스러운 표현도 하지 못하고 집 안에만 있는 사람들이 늘어가고 있다. 길을 가다가도 다른 사람과의 접촉을 극도로 피하고 움츠리는 사람들이 있다. 또 다른 사람들은 혹시 오해를 사지 않을까 자신의 언어와 행동을 조심하며 걷는다.

드라마 같은 이야기들이 있다.

늦은 밤 길에 모르는 두 사람이 앞 뒤로 길을 걷고 있었다. 앞에 있는 사람은 여성으로 뒤따라 오는 사람을 의식하며 걷다가 빠른 걸음을 걸었다. 자신도 모르게 발이 꼬이면서 넘어지게 되고, 뒤를 따르던 사람은 그녀를 도와주려고 다가갔는데, 그녀는 소리를 지르며 도와달라고 하였다. 주변에서 사람들이 뛰어나오며 뒤따르던 사람을 잡았다. 그런데 뒤따르던 사람도 역시 여성이었다는 것이다.

우리는 불안하면 온갖 부정적인 소설을 쓰게 된다. 인생이란 미래에 대한 막연한 불안을 가지고 살아가는 것이다. 여기에는 불확실한 미래, 생존, 안전의 불안과 인간관계로 인한 불안이 크다. 우리 안에서 일어나는 불확실하고도 부정적인 소설을 절필해야 하는 용기가 필요하다.

이치로는 용기가 상실되는 이유를 텅 빈 용기와 같다고 표현한다. 뒤집어 말하면 빈 용기 안에 무엇을 채우면 용기가 생길까? 인생을 살아갈 용기는 무엇으로 채워야 할까?

20대에 미래의 불확실함으로부터 도피하여 라디오만 들었던 지난 시간이 떠오른다. 이제는 남은 인생이 얼마 남지 않았다. 이제부터 도피가 아닌 도전으로, 불확실성이 아닌 확신으로, 장래에 대한 두려움이 아닌 느긋함으로, 죽음의 두려움이 아닌 받아들임으로, 자신을 제한하기보다는 여유롭게 바라봄으로 세상을 바라본다면 어떻게 변할까?

50대 남자의 고민

50대가 되면 직장에서 야근하는 시간이 줄어들게 된다. 부하 직원들도 상사와 회식을 즐기는 것을 좋아하지 않는다. 집에 와도 자녀들이 함께 식사하는 것을 즐기지 않는다. 어린 나이의 자녀들은 치킨 한 마리면 아빠를 환영하지만, 50대 남자의 자녀들은 치킨도 약발이 없다.

젊었을 때에는 열심히 사느라 가정을 돌볼 수가 없었다. 그런데 50대가 되면 시간적인 여유는 있지만 자녀들이 놀아주지 않는다. 자신의 취미 생

마음 근육을 키우는 심리 스트레칭

활을 만들지 않으면 인생이 재미없어진다. 집에 들어가면 꿰다 놓은 보릿자루처럼 누구도 말을 붙이지 않는다. 비로소 자유롭지만 외롭기만 하다.

집에 들어가도 자녀들은 자기 방에서 무엇을 하는지, 아빠가 집에 와도 내다보지 않고, 어쩌다 반겨주는 이라도 나오게 된다면 필시 강아지일 것이다. 시간적인 여유가 생겼지만, 함께 이야기하며 놀아줄 사람이 없다.

남자의 기억과 여자의 기억은 다르다. 바쁜 직장 생활 중에서 아이들이 자랄 때에 바닷가도 가고, 산에도 가고, 동물원도 다니며 많은 시간을 자녀들과 함께 보냈다고 생각했는데, 아내들은 이렇게 말한다. "그건 당신의 기억이고요. 당신이 바쁘게 다니느라고 아이들은 내가 다 키웠어"

남자들은 기억이 뚜렷한데 뭐가 문제인 걸까? 많은 일들을 기억하지만, 그것만이 아이들의 삶의 전부는 아니었다. 아침부터 저녁 퇴근하기까지 많은 일들이 있었지만, 남자들은 그 일에 대해 모르고 지나갔을 뿐이다.

여자들과 아이들은 좋고 어려운 일들을 함께 겪은 동지애로 끈끈하지만, 남자들은 퇴근하고 집에 가면 거저 얼굴 한번 보는 정도였던 것이다. 많은 일들이 생겼다고 하더라도 습관적으로 이렇게 말했을 것이다. "그래, 알았어. 용건만 말해". 과정이 생략된 용건만, 결론만 들었을 뿐이다.

직장 상사가 용건만, 본론만, 결론만 말하라고 하면 어떤 심정인지 느껴질 것이다. 문제는 자녀들과 소통이 안된다는 것이다. 세대 차이라고 소통이 안 되는 건 아니다. 문제는 남자는 집에 들어오면 외국인이 된다. 영어를 안다고 소통이 되는 건 아닌 것처럼 그 나라의 문화를 모른다. 남자는 집에 들어가면 한국어를 사용하는 다른 문화에 있는 사람들을 만나는 것과 같다.

남자는 외롭고, 침실을 함께 쓰는 여자와도 거리감이 느껴진다. 이 나이가 되면 각방을 쓰는 사람도 늘어난다. 한 사람은 침실에서 자고, 한 사람은 거실에서 잔다. 심지어는 남자는 침실에서 잠을 자지만 여자는 딸 방에서 잠을 잔다.

50대 남자들에게 권한다. 외로움을 느끼면 자기 연민에 빠지도록 자신을 내버려 두지 말아야 한다. 아빠에게 무심한 자녀에게 하고 싶은 잔소리를 삼켜야 한다. 그리고 더욱 사랑해야 한다. 내가 키웠으니 이제는 보답하라는 메시지를 보내지 말아야 한다.

50대를 맞이하는 남자들에게 자녀들은 이미 성인의 나이에 이른다. 늦은 사춘기를 겪는 자녀들도 있을 것이다. 아직 아빠로서 해야 할 일이 남아 있다. 좋은 어른의 본을 보여 주는 것이다.

욕구를 참을 것인가?

사람마다 욕구는 제 각각이며 다양하다. 기본적인 욕구가 채워지지 않으면 화가 나기도 한다. 배가 고프면 화가 난다는 사람이 많다. 남성들은 부부관계에 거절을 당하면 화가 난다. 여성들도 배려심 없는 잠자리는 무시당한다고 느낀다.

이를 지켜보는 사람들은 이렇게 말하기도 한다. "참을 줄도 알아야 한단다" 인내심이 강한 사람이 나중에 더 큰 일을 이룬다고 한다. 아이들에게 사탕을 2개 주고, 잠시 자리를 비울 동안 참고 있으면, 나중에 2개를 더 주겠다고 말한다. 아이들은 참아냈으며, 2개를 더 얻었다. 더 큰 욕구에 집착하도록 만드는 결과물을 만들어 냈다. 만족할 줄 모르는 현대인들은 이렇게 탄생하게 된 것이다.

인내심이 나쁘다고 말하는 것이 아니다. 더 큰 욕구를 위해서 지금의 욕구를 감내해야 하는 것이다. 좋은 대학에 가기 위해서 노는 것을 참아야 하고, 좋은 직장을 위해서 대학에서 취업공부만 해야 하는 이 세상이 과연 건강한가를 물어야 한다.

욕구를 참아내는 인내도 필요하지만, 욕구가 채워지는 만족감도 필요하다. 정상적인 것으로 채워지지 않을 때에, 어떤 이는 욕구를 일탈로 채우기도 한다. 인내로 결말이 나면 좋겠지만, 인내로 끝나지 않으면 일탈이 생긴다.

'욕구'라는 말이 긍정적인가? 부정적인가? 욕구를 채우는 과정과 채워진 결과를 생각해 보면 긍정과 부정을 나눌 수 있다. 우리는 여기에서 건강하게 욕구를 채우도록 해야 한다. 그 결과들은 삶의 의지가 생기고, 기쁨과 행복이 생긴다.

개인의 욕구를 통해서 인류의 공헌한 것들이 있다. 가난을 벗어나고자 하는 욕구, 병든 몸에서 벗어나고자 하는 욕구, 좋은 음식을 만들고자 하는 욕구, 편리한 삶을 위한 욕구, 올바른 정치가 이루어졌으면 하는 욕구 등이다.

우리가 생각해야 할 것은 욕구의 결과물이 개인에게만 머물러 있을 때에는 탐욕이라는 부정적인 것이 된다. 그러나 나에게서 너에게로, 우리에게 영향을 미친다면 인류를 위한 업적이 될 것이다.

그러므로 특히 어린 자녀들이 욕구를 채우려고 할 때에 너무 개인적인 것으로만 보지 않기를 바란다. 그들은 그 욕구를 통해서 이 사회에 이바지하게 될지도 모르기 때문이다.

화가 날 때에는 이렇게

TV에 한 연예인이 나와서 화를 내야 할 상황임에도 불구하고 화내지 못하는 자신에게 화가 난다는 말을 했다. 화는 생각이지만 표현은 감정으로 나타난다. 불같이 화를 내는 사람이 있고, 얼음처럼 차가워지는 사람도 있다. 싸늘한 기운에 화가 단단히 났다는 것을 알 수 있다.

이러한 감정은 체질에 따라 속도가 틀리다. 빠르게 진행되는 사람도 있고, 느리게 진행되는 사람도 있다.

흔히 버럭 하는 사람은 속도가 빠르다. 얼굴의 표정이나 말이 속도가 빨라서 의식적으로 절제하지 않으면 버럭하고 화를 낸다. 기질적으로 빠르게 솟구치기 때문에 스스로 조절할 수 없는 경우가 많다. 흔히 자신은 지금 불같이 화를 내지만 뒤끝은 없다고 말한다. 불을 다 쏟아부었는데 뒤끝이 있을 턱이 있겠는가? 불을 낸 자신은 시원하지만, 불을 뒤집어쓴 사람은 화상을 입고 더구나 재까지 뒤집어쓰는 비참함을 느끼게 된다는 것을 모른다.

이와 반대로 마음을 졸이며 화를 내야 하나, 말아야 하나를 고민하는 사람도 있다. 그들은 적절하게 화를 분출하지 못하기 때문에 뒤끝이 생긴다.

마음 근육을 키우는 심리 스트레칭

불편한 상황에서 스멀스멀 화가 올라온다. 그런데 화를 내야 할지 말지의 경계가 애매하다. 그러다가 집으로 오는 길에 곱씹으며 그때야 화가 난다.

"아~ 씨, 그때 왜 그 말을 못 했지?"
"생각하니 은근히 화나네"
"아휴 찝찝해, 아무리 생각해도 내가 잘못한 게 없는데"
"아 억울해, 한 번도 아니고 다시는 만나지 말아야지"

세상에는 자신이 편해짐으로 상대를 불편하게 하는 사람들이 있다. 화를 내는 사람, 그 사람은 자신의 불편한 감정을 표출함으로 내적인 스트레스를 나름 해소했을 것이다. "화를 내는 나도 기분이 좋지는 않아"라고 말할 수 있다. 그러나 당하는 사람은 기분이 더 더럽다.

화를 내는 이유는 복합적인 원인이 있을 수 있을 것 같다.

1. 기질적으로 급한 성격의 소유자
2. 업무나 대인관계로 인한 스트레스의 해소가 어려운 사람
3. 부정적인 감정을 담을 수 있는 그릇이 작은 사람

나 자신은 세상을 평안하게 살고 싶지만, 자신의 마음 그릇이 약하거나 작으면 금이 가거나 깨어지거나 넘친다. 환경은 우리가 마음대로 조종할 수 없는 것이니, 결국은 내 마음의 그릇을 튼튼하고 크게 하는 수밖에 없을 것 같다.

화가 날 때에 침묵하는 것은 몸의 면역력을 떨어뜨리는 행동이며, 버럭 하는 것은 몸에 충격을 주는 행동이다.

그래서 이렇게 해 보기를 권한다.

1. 화가 날 때에 말로 표현해 보기

"어~ 화가 나네" : 아직 이성이 감정에 휘말리지 않고 있다는 증거다. 자신을 성찰하는 능력이 탁월한 것이며, 성숙한 인격의 소유자다.

"어디 가서 소리를 지르고 싶다" : 화를 말로 해결하고 싶다는 것이다. 노래방도 괜찮다.

"누구 하나 걸려 봐라" : 화를 몸으로 해결하고 싶다는 것이다. 땀을 흘려야 한다. 운동이나 댄스가 좋을 것 같다.

2. 죽음을 생각하면 한층 높은 차원의 인생이 될 것이다.

신입사원이 느끼는 따뜻한 잔소리

한 기업에서 '신입사원이 느끼는 따뜻한 잔소리'라는 것을 조사한 적이 있다. 응답자의 67%가 잔소리를 들을 때는 불편해도 자신에게 도움이 되는 조언이라고 생각한다는 답을 했다. 더구나 17%는 잔소리를 기분 좋게 받아들인다고 답을 했습니다. 그렇다면 84%가 잔소리에 대하여 긍정적이라고 답을 한 것입니다.

2020년 11월 5일 조선일보에 인크루트에서 직장인 665명에게 퇴사를 결심하게 되는 이유에 대한 설문조사가 있었다. 직장인의 퇴사 고민의 1위가 '상사의 잔소리'라고 합니다. 더구나 신입사원의 15.3%가 퇴사를 결심하는 이유가 상사의 잔소리라고 대답했다. 그렇다면 나머지 신입사원들은 긍정적으로 대답했을까?

잔소리는 듣기 싫다. 잔소리는 부모나 직장 상사나 한결같이 듣기 싫다. 특히 서로 신뢰가 없는 사이에서 듣는 잔소리는 직장을 사직하는 계기가 된다. 2020년 7월 14일 한겨레신문에는 청년취업자의 50.2%가 1년 안에 퇴사한다고 했다. 퇴사의 이유가 잔소리 때문이라는 것은 아니다. 다만 업무에 대한 스트레스가 가장 비율이 높다고 하는데, 이는 일과 대인관계 모두를 포함한다.

잔소리가 직장 생활에 도움이 된다는 회사 사보에 실린 내용은 회사를 가족 같은 관계를 강조하면서 애사심을 강조하려고 했던 것 같다.

그러나 업무를 위해서는 가족이 되어서는 안 된다. 서로에 대해서 잘 모르는 가족의 구성원이라면 한 집 안에 살고 있지만 각 방을 사용하는 부부나 청소년기에 자기 방문을 잠그는 상황과 유사하다.

특히 가족 간에는 잔소리가 서로의 피로도를 높인다. 직장 상사들이 조언인 듯 말은 하지만 사실은 잔소리인 경우가 많다. 조언과 잔소리를 구분하는 것은 듣는 사람의 판단에 맡겨야 한다.

자신은 다른 사람의 말을 조언과 잔소리를 구분할 줄 아는가? 또는 자신은 어떤 경우에도 잔소리가 아닌 조언으로 받아들일 자세가 되어 있는가? 를 스스로에게 물어보자.

연인 사이에 독심술은 없다

쌀쌀한 날씨에 두 연인이 데이트를 즐기고 있다. 남자는 여자 친구가 짧은 치마를 입고 맵시를 뽐내는 것이 탐탁지 않다. 왜냐하면 추위에 떨고 있는 모습을 보면서 마음이 좋지 않았다. 그래서 여자 친구를 생각해서 한 마디를 했다.

"그렇게 옷을 왜 이렇게 입었어?"

정말 포인트를 잘못 짚었다. 여자 친구는 남자가 '멋있다, 예쁘다, 귀엽다, 사랑스럽다'라는 말을 기대했는데, 어처구니가 없다. 누구 때문에 이렇게 입었는데, 도리어 지적질인가.

자신의 선택을 못마땅하게 여기는 남자의 태도를 보며, 미래의 불행을 미리 예견할 수 있다.

타인의 관심 어린 말에 공감이 되지 않을 때에는 화가 난다. 그리고 자신을 이해하지 못하는 사람과 살아갈 날을 생각해 보며, 절망을 느낀다. 우리는 주변에서 사소한 일로 싸우는 커플들을 본다.

여성: 나 바나나 라테 먹고 싶어
남성: 지금 바나나 라테가 떨어졌대
여성: 그럼, 나는 아메리카노로 시켜줘
남성: 이미 고구마라테를 시켰는데, 자기 라테 좋아하잖아?
여성: 그럼, 나한테 물어봐야지, 왜 자기 마음대로 시켜?

결혼을 하면 이러한 일이 없어질까? 더 많은 어려움과 불편을 감내해야 한다.

"누가 치약을 이렇게 중간부터 짜놓은 거야"
"설거지는 바로바로 해야 하는 거 아냐"
"어휴, 양말은 제발 세탁기에 바로 넣어라 하니까""
"집에 오면 좀 편하게 있자, 뭘 그리 깔끔 떠니"

사람들은 다른 사람의 마음을 알 수 없다. 그래서 독심술이라는 책이 나왔나 보다. 우리는 다른 사람의 마음을 짐작한다.

"그렇지 않을까요?"
"글쎄요? 당사자에게 물어보지 않으면 알 수 없는 것들이 많죠."

어떤 사람은 행동으로 분명히 보여주는데도 이해하기 힘들 때가 있다. 행동에는 이유가 있다. 그 행동을 누가 선택했는가를 알아야 한다. 내가 선택한 일이 아니고, 다른 사람이 선택한 것이라면 분명 이유가 있을 것이다. 그런데 대개 사람들은 "그렇겠지"라고 짐작하게 되고, 그것이 오해가 된다.

사람은 자신의 선택을 인정받을 때에 엄청난 감동을 받는다. 나의 모든 것을 이해할 수 있구나 하는 생각을 하게 된다. 연애 기간에는 그렇게 잘해주던 사람이 결혼 후에는 바뀌었다는 말을 자주 듣는다. 왜냐하면 연애 기간에는 배우자가 나의 선택을 언제나 존중해 주었기 때문이다. 그래서 결혼한 것이다.

상대의 선택을 인정하면 사랑으로 돌아온다. 대개 연애 기간을 1년으로 잡아보라는 말을 한다. 웃어도 보고, 울어도 보고, 싸워도 보아야 한다. 그 기간 동안에 상대에게 장점이 있는가? 그 장점이 나로 하여금 그녀 또는 그를 선택할 수 있는가를 결정하는 것이다.

아들러가 말하기를 인간은 열등감을 가진 존재로서 우월감을 추구한다고 말한다. 나의 존재나 선택을 상대가 채워주고 인정해 준다면, 존중받는 느낌은 자신이 하찮거나 열등한 존재가 아니라, 충분히 사랑받고 유능한 존재라는 것을 인식하게 한다. 그렇다면 함께 살아가는 것이 뭐 그리 걱정스럽고 두려운 것이 있을까?

인턴을 가르치는 법

한 가지를 오래 경험하게 되면 다른 사람들이 물어오는 단계에 이르게 된다. 남들은 전문가라고 부른다. 필자도 물어보며 배웠던 것을 스스로 학습하게 되면서 지식과 경험을 쌓았다. 그리고 시간이 지나면서 다른 사람들이 필자에게 묻기 시작했다. 이른바 멘토의 역할을 할 때가 온 것이다.

짐 캐리의 "레모니 스니켓의 위험한 대결"이라는 영화는 소설가 레모니 스니켓의 작품이다. 필명이지만 영화의 제목이라는 것에 조금 놀랐다. 레모니 스니켓은 견습 소설가를 훈련시키는 것이 여간 어려운 일이 아니라고 토로하면서 두 가지 훈련법을 터득했다. 첫째는 잔소리를 하고, 둘째는 모범을 보인다는 것이다.

잔소리는 자세하게 가르치는 방법이다. 일을 배움에 있어 잔소리를 듣는 것은 각오를 해야 한다. 인턴이나 견습생은 어느 곳에서나 배워야 하는 사람이다. 그래서 인턴에게는 전문적인 일보다는 사소한 일들을 시키게 된다. 회사에서는 자신이 할 일보다 잡무가 많은 편이다. 그래서 업무보다 더 많은 잡무 때문에 잔소리가 생긴다.

인턴의 자리를 거치지 않는 멘토는 없다. 그러나 인턴에게 하는 잔소리만큼 격려의 말도 아끼지 말아야 한다.

"수고했어"
"고마워"

잔소리의 내용은 일에 국한해서 말해야 한다. 직무에 어울리는 사람을 만들기 위해서 멘토들은 혹독한 잔소리를 늘어놓는다. 그러나 직무를 위해서 가르치는 말에서 벗어나면 멘티들은 상처를 받는다. 이른바 인격모독의 말들이 그렇다.

'밥이 입에 먹어 갑니까?'
'옷차림은 그게 뭡니까?'
'정리 정돈은 하나요?'

업무와 관련되지 않은 잔소리는 멘티들을 더 주눅 들게 한다. 우리는 직무를 위해 서로 협력하는 관계에 있다는 것을 알아야 한다. 본질은 직무에 맞는 일을 스스로 하게 하도록 가르치는 것이다. 일을 가르쳐 주지는 못할지언정 자신의 화풀이 대상으로 삼지는 말아야 한다.

멘토가 되고 직장 상사가 되어 정신을 못 차리는 부하 직원을 보게 되면 답답함이 올라온다. 다만 눈치껏 알아서 잘해 주면 고맙겠지만, 마음에 쏙 드는 부하 직원을 만나기는 쉽지 않다. 인턴을 훈련시키려면 잔소리가 필요하다. 그러나 어느 방향으로 가야 할지 모범을 보여주지 않는다면 우왕

좌왕하는 모습을 계속 보게 될 것입니다. 병졸이 우왕좌왕하는 것은 장수의 책임이다.

내 생각에는

필자는 예전에 들었던 잊혀지지 않는 칭찬이 있다. 말을 꺼낼 때에는 '제 생각에는'이란 말을 꼭 붙였다. 한 분이 자신의 생각을 주장하지 않는 태도가 너무 좋았다고 말해 주었다. 이후로도 말을 할 때에는 신경을 쓰며 하는 말이다. 타인이 내 생각에 고개를 갸우뚱 거릴 때에는 한 발을 물러나며 '제 생각입니다'라고 말한다.

흔히 자신의 의견이 반대에 직면한다고 생각하면, 변명하거나 상대를 설득하려고 애를 쓴다. 애를 쓸 때에는 무리수가 있다는 것을 자신은 잘 이해하지 못한다.

예를 들면, 어떤 분이 칭찬을 한 것에 대해서 '잘 봐주셔서 감사합니다.' 라고 말했다. 그런데 상대가 '아니, 그냥 하는 말이 아니라 정말 잘해요'라고 말을 했다. '네, 감사합니다'라고 말했지만 거기에서 끝나지 않았다. '내 말을 못 믿는 거예요, 나 참, 잘한다고 말해줘도 싫다고 하네?'라며 자신의 해석을 집어넣는다.

감사하다는 말을 받아들이지 않는다고 느꼈는지는 모르지만, 상대의 태도에는 자기 자신에 대한 불신으로 감지해서 화가 난 것을 알 수 있다. 사람을 말로 후리는 이들이 있다. 만약 '잘 봐 주셔서 감사합니다.'가 아니라 '감사합니다'라고 말했다면 어떻게 되었을까?

사람들 중에는 통제욕구가 지나치게 강한 사람들이 있다. 자신의 말에 타인들이 웃어주고, 울어주는 것을 기대하는 사람들이 있다. 타인을 즐겁게 해 주려는 사람과 통제욕구가 강한 사람과는 구분을 해야 한다. 타인을 즐겁게 해 주려는 사람은 상대가 웃지 않아도 노력한다. 그러나 통제욕구가 강한 사람은 타인을 즐겁게 해 주려는 자신의 노력에 반응하지 않으면 화를 낸다. 타인에게 칭찬을 하지만 받아들여지지 않는다고 느끼면 도리어 화를 내거나 기분이 나쁘다는 표현을 서슴치 않는다.

자식이라도 나와 다르다

"아빠, 이 옷 어때?" 딸이 최신 유행이라며 옷을 입고 있는 모습을 보고 있자니 별로라는 생각이 든다. 유행은 돌고 돈다. 젊었을 때에 입었던 옷이기에 별로 새롭지도 않다. 사람들은 지루한 것을 참지 못한다. 그래서 유행이 20~30년마다 반복되나 보다.

TV에서 모델 출신 엄마가 딸에게 코칭을 하고 있다. 나이가 들어도 매력 넘치는 옷차림에 누가 봐도 센스 있다. 그런데 화보를 찍는 딸에게 다짜고짜 머리에 뭔가를 뿌려댄다. 그리고 이렇게 말한다. "그게 컨셉이야"

유행을 따라가는 행위지만, 젊은 사람들은 오히려 현재의 유형을 버리고 새로운 유행을 만들어 간다. 그저 가정에서 엄마의 역할에 그치지 않고, 일터에서 선배로서 도움을 주는 열혈 엄마로 살아간다. 어쩌면 모델 엄마의 조언을 받을 수 있다는 것은 감사할 일이다. 그런데 딸의 마음은 편치 않다. 속이 상해서 화보촬영을 그만둘까 하고 중얼거린다.

사람들은 모양이 비슷하고, 취향이 비슷하고, 성격이 비슷하다고 해도 마음은 제각각이다. 그래서 비슷한 사람은 찾을지 몰라도 똑같은 사람은 없다.

100인 100색이다. 100명의 사람이 모이면 비슷한 사람을 구분할 수는 있다. 그러나 같은 사람은 없다. 가족이라는 공통점이 있기에 취향이나 성격이 비슷하다. 그러나 내면의 사고와 신념은 달라도 너무 다르다.

부모와 자녀 간의 사소한 다름을 인정하지 못하고 부정적인 평가를 하게 되면 관계가 깨어진다. 자신의 세계관으로 다른 사람에게 영향을 주고자 할 때에는 타인을 존중해야 한다. 그리고 얼마나 객관적인지 자신과 타인으로부터 검증을 받아야 한다.

부모가 가진 힘으로 밀어붙인다면, 부모가 힘이 없어질 때에 자녀들로부터 도리어 시집살이를 당할 각오를 해야 할 것이다. 부모와 자녀의 생각이 다를 경우에는 자녀가 도움을 청할 때까지 기다려 주고, 자녀들이 실패를 경험함으로 더 강해질 것을 믿어야 한다.

만화로 배웠어요

일본에서 인정받은 스시 장인이 있는데 한국 사람이었다. '스시야 쇼타'라는 가게를 운영하는 문경환 씨는 만화를 보며 스시 장인의 꿈을 꿨다. 그래서 가게 이름도 만화에 나오는 만화 주인공의 이름으로 가게 이름을 정하였다.

문 씨는 중학교 3학년부터 '미스터 초밥왕'을 즐겨 봤다고 한다. 만화 속의 인물인 쇼타가 스시의 장인이 되기 위해 노력하는 모습을 보고, 요리사의 길을 걷기로 다짐했다고 한다.

만약 우리의 자녀들이 만화 속에 나오는 인물처럼 될 거야라고 한다면 어떤 반응을 보이게 될까? 웃으며 농담으로 봐주거나 웃기는 소리를 하지 말라며 윽박지르지 않았을까?

만화라는 허구 속에 있는 인물을 실제 하는 것처럼 롤모델로 삼았을 때에 어른들은 낙심할지도 모른다. 아들러 심리학에서는 사람들은 가상의 목표가 필요하다고 보았다. 어쩌면 눈앞에 보이지 않더라도 100점이라는 목표를 가진 학생이나 취업을 바라는 취준생들이 합격이라는 가상의 목표가 그것이라고 할 수 있다.

눈으로 볼 수 없지만 목표를 세웠기에 달려갈 수 있었던 것이다. 대개 부모들은 자녀가 세운 목표가 현실적인지를 먼저 묻는다. 자신의 눈에 보이지 않기 때문에 헛된 꿈이라고 생각하는 경우도 있다.

꿈은 꿈을 꾸는 자만이 볼 수 있다. 꿈이란 자신이 만들어가는 세상이다. 그리고 꿈을 현실로 만들어가는 노력을 하고 있는 자녀에게 바람을 빼는 일은 그만 두면 좋겠다.

자녀들이 그저 만화를 보거나 유튜브에 빠져있다고 생각할 때에 그들은 꿈을 꾸고 있는지도 모른다. 그러므로 꾸짖지 말고 그 꿈에 동참해 주기 바란다.

평범한 부모였으면 더 잘했을 텐데

TV에 '라떼부모'라는 이름으로 방송을 한 적이 있다. 필자도 아들에게 '라떼'라는 말을 들은 적이 있다. 솔직하게 아들에게 '라떼부모'임을 인정했다. 이름만 들어도 무슨 이야기인지 짐작이 갈 것이다.

출연자의 부모는 운동선수들이고, 자기 분야에서 성공하신 분들이다. 현직에서 교수로 후배들을 가르치시는 분들이었다. 그런데 아들이 집에 와서 훈련하는 모습을 동영상으로 부모님에게 보여드렸다. 부모는 자연스럽게 아들의 훈련에 대해서 이런저런 이야기를 해 주었다. 그러자 아들의 입에서 나온 말이다. "나는 코치가 세 명인 거 같아". 부모의 반응은 "코치가 세 명이니 더 좋지 않니?"였다. 과연 그럴까? 아들은 어이없다는 표정을 짓고는 할 말을 잇지 못했다. 그리고 부모의 조언은 계속되었다.

체육지도자의 훈육 스타일에 대해서 한결같다는 공통점을 발견하게 된다. 제자들을 잘 가르치기 위해서 체벌이나 벌을 준다는 것이다. 아들은 학교에서 교수님으로부터 머리를 깎으라는 이야기를 듣고 빡빡이로 밀고 왔다. 그 이유는 잠을 자느라 운동시간에 참여하지 못했기 때문이었다. 그리고 부모도 교수님의 그러한 지시에 대해서는 아무런 말도 하지 않고, 아들을 탓했다. "어휴", "참~"

아들에게 코치가 세 명이나 된다는 것은 운동기술을 가르쳐줄 수 있는 분들이 세 분이나 계시다는 것에는 큰 선물이라는 생각이 든다. 그러나 유도를 잘하기 위해서는 유도의 기술뿐만 아니라 사람도 중요하게 생각해야 한다.

아들은 이렇게 말했다. "나는 코치를 원하는 것이 아니라 엄마, 아빠를 원해요" 후에 아들은 이렇게 말했다. "우리 부모님이 평범한 사람이었으면 내가 시합을 더 잘 했을 텐데...".

부모의 역할은 기술을 가르쳐 주는 것에 있지 않고, 심리적인 지지와 격려에 있다. 상담을 하다 보면, 부모들은 자녀들의 문제를 하나하나 *끄집어낸다*. 그리고 이러한 단점만 없다면 아이들이 잘 성장할 수 있겠노라고 말한다. 우리는 부모가 되어 자녀들의 단점만 보는 이상한 습관이 있는 것 같다.

아들러는 누구나 열등감이 있으며, 이러한 열등감을 극복하기 위해서 노력하는 삶을 산다고 말한다. 그렇다고 열등감을 더 부추기는 부모가 될 필요가 있을까?

가족 안에도 서열이 있다.

필자의 가족 안에는 서열이 있다. 여러분이 생각하는 대로 성인 남자라고 생각하시겠지만, 아이들이 말하기를 아내가 서열이 더 높다고 말한다. 조직도 아닌데 무슨 서열이 있냐고 하겠지만, 누구의 발언권이 강한지를 보면 알 수 있다.

아이들을 나름 민주적으로 키우고 있다고 생각한다. 일주일에 한 번의 가족회의를 8년 넘게 하고 있다. 이 시간을 통하여 가정에서 일어나는 일을 조율하고 정리한다. 가족회의에서는 부모가 자녀에게 가르치는 일은 없다. 그럼에도 불구하고 일상에서는 권력을 가진 사람이 발언권이 강하고, 그녀가 가정 안에서 새로운 법을 만든다. "빨래는 수건부터 세탁기에 넣어주세요", "밥을 먹었으면 설거지까지 해주세요" 부탁으로 들릴지는 모르겠지만 다들 눈치를 본다.

아들이 말하기를 "아빠는 자유를 주는 것 같은데도, 통제하고 있는 것 같아"라고 말한다. 가족회의를 통해서 평등하게 한다고 하지만, 여전히 암묵적인 권력을 자녀들은 피부로 느끼고 있는 것 같다.

가족 안에는 불문율이 있는데, 거의 부모가 만들어 낸 것이다. 어느 조직이나 규칙과 법을 만드는 사람은 힘이 있는 사람들이다. 가정에서 새로운 법을 만들거나 법에 저촉받지 않는 행위를 하는 사람은 힘이 있는 자다.

상담실에 오는 가족들에게 서열이 제일 높은 사람이 누구냐고 물어본다. 그러면 부모들은 청소년의 눈치를 보고 살고 있다며 자녀들이 높다고 말한다. 그러나 자녀들에게 물어보면 부모가 서열이 높고, 부모가 만든 규칙들이 많다고 말한다.

가족관계에서 갈등이 생기는 것은 규칙들로 자유를 제한하기 때문이다. 자녀들이 자라면서 규칙들도 바뀌어야 한다. 자녀들이 성장하는 만큼 합의와 존중이 필요하다.

부부간의 갈등이 생길 때에 자신을 먼저 챙겨라

세상에는 재미있는 연구를 하는 대학들이 많이 있다. 덴마크 코펜하겐 대학에서 6년간에 40~50세의 남녀 4,500명을 대상으로 연구를 했다. 연구

마음 근육을 키우는 심리 스트레칭

의 주제는 배우자의 `과도한 요구 사항`이 심장병 발병률에 미치는 영향이었다. 배우자의 요구 수준이 높아질수록 스트레스도 증가하여 가슴 통증이나 동맥경화와 협심증의 위험도 높아졌다.

40~50세의 부부들은 이미 서로에게 꿀이 떨어진 상태로 의무만 남은 상태다. 서로가 사랑하는 관계라면 서로에게 봉사하는 것을 즐겨할 것이다. 그러나 호르몬 수치상 그런 시기는 이미 지나갔다고 봐야 한다. 배우자의 과도한 요구는 자신의 불편함을 덜기 위해서 상대 배우자에게 요구하는 것이다. 결혼 전에는 배우자가 자신의 부족함을 모두 채워줄 수 있을 것이라는 기대를 하지만 현실은 냉혹하다.

부부관계의 스트레스는 두 사람이 느끼는 각각의 스트레스 양의 곱이 된다. 그래서 먼저 다뤄야 하는 것은 자기의 스트레스다. 자기의 스트레스를 담을 수 있는 양이 얼마나 되는지 스스로 지각하는 것이 필요하다. 자신의 스트레스를 담는 그릇이 가득 차 있으면, 배우자와의 갈등이 조금만 생겨도 그릇은 넘치게 된다.

부부관계의 스트레스에서 원가족이 미치는 영향력은 매우 크다. 결혼은 두 사람이 좋아서 하는 것이지만, 사사건건 두 사람 사이를 방해하는 친근한 이들이 있습니다. 부부관계에 갈등이 생기면 주변에 물어보게 된다. 그러면 제삼자로서 객관적인 입장을 취하는 것이 쉽지 않다. 자신이 친근히 여기는 이들에게 자문을 구하면, 무조건 자신의 입장을 지지한다. 그러므로 뻔한 답을 듣기 위해서 자문을 구하는 것은 전혀 자문이 되지 않는다.

부부관계의 갈등 해결은 먼저 자신을 세우는 것에서 출발해야 한다. 자신이 먼저 정신적으로 건강한 상태인지 점검하고 유지해야 한다. 그리고 독립적이고 합리적인 사고를 할 수 있어야 하고, 주변인에게 자신의 결정권을 넘겨버리는 일은 없어야 한다.

부부관계 갈등이 생길 때에 시도해야 할 것

① 자신이 즐길 수 있는 것을 찾아보기

스트레스로 배우자를 째려보는 것은 전혀 도움이 되지 않는다. 자신 안에 있는 스트레스를 해결하는 것이 우선순위다.

② 시간과 비용이 최소로 드는 것을 선택하기

스트레스를 해결하려면 돈이 들고, 시간이 든다고 말한다. 장소의 문제가 아니라 마음의 문제라는 것을 인식해야 한다. 음악을 틀어놓고 5분 동안 혼자서 춤을 춰보라 힐링을 느끼게 될 것이다. 미친 짓이라고 생각하는가? 배우자가 집에 들어오면 싸울 준비를 하는 것이 더 미친 짓이 아닌가.

③ 용기를 가지고 배움에 도전하기

평생학습시대를 맞아 공공기관에서 주는 혜택이 많다. 한 가지에 몰입하게 되면 열정이 생기고, 자신에 대한 유능감이 생긴다. 부모들은 자격증도 없이 아이를 낳고 교육의 전문가가 된다. 지금이라도 배워야 한다. 자녀들을 위해, 부부를 위해 배워야 한다.

잔소리에는 불쌍한 척하세요

요즘 아이들은 부모 세대보다 눈치가 빠른 것 같다. 한 아이가 아빠의 잔소리에 대처하는 비법을 공개했다. 아빠가 잔소리를 한다고 느껴지면 불쌍한 척을 한단다. 이전에는 말대꾸를 했는데 더 혼이 났다고 한다. 그런데 불쌍한 척을 하고 고개를 숙이고 있으면 아빠가 짧게 혼을 낸다는 것이다. 나름 탁월한 비법인 것 같다.

순종이냐, 반항이냐? 그것이 문제다. 부모는 아이가 고개를 숙이고 있으면 반성한다는 의미로 받아들이는 것 같다. 잘못했다고 인정하는 태도는 부모의 화를 풀리게 한다. 부모들은 자녀들에게 잔소리를 할 때에 태도에 대해 엄격하다. 부모의 말에 순종하는지, 반항하는지에 따라 잔소리의 강도를 달리한다.

이것은 한국 사회가 가진 유교의 영향인 것 같다. 법정에서 흔히 보게 되는 것이다. 피의자가 반성하고 있으며, 동종 전과가 없으면 감형을 시킨다. 판사들이 판결을 내릴 때에 피의자가 반성문을 쓰거나 죄를 인정하면, 판결할 때에 검찰이 구형한 것보다 낮게 처벌하는 경향이 있다. 그러나 피의자가 범행을 부인하거나 반항하면 검찰의 구형을 그대로 반영한다. 어쩌면 법의 정신보다 한국인의 정서가 더 잘 반영된 것 같다.

가족 안에서 법을 만들고 집행하는 사람은 부모다. 힘을 가진 부모가 자녀를 혼낼 때에 가족이라는 틀을 떠나지 않겠다면, 자녀는 순종하는 수밖에 없다. 법을 지키는 사람들 중에는 편법을 이용해 낮은 형량을 얻을 수 있는지를 배운다. 우리 자녀들도 부모에게 어떻게 해야 잔소리를 적게 듣는지를 배운다.

우리 아이가 변했어요라고 말하는 사람이 있다. 아니다. 변한 게 아니라 단지 힘이 없어서 굴복할 뿐이다. 부모들의 훈계가 정말 자녀들을 태도를 고치기 위함인지, 아니면 부모의 권위를 인정해 주는 자녀를 만들 것인지를 생각해 보아야 한다.

자녀들은 힘이 없을 때에는 부모에게 약한 척을 하지만, 힘이 생기면 반항을 하게 된다. 자녀들이 성장하여 직장을 가져 경제적인 능력이 생기게 되면, 부모와 다투는 것을 주저하지 않는다. 부모들은 자녀가 성장함에 따라 이런 말을 하곤 한다. "아이가 왜 저렇게 변했을까?, 전에는 그러지 않았는데" 아니다, 변한 것이 아니라 자녀들이 힘이 없어서 부모에게 대항하지 못했을 뿐이다.

자녀들과 좋은 관계를 맺는 부모가 되기를 원한다면 아래와 같이 해 보기를 권한다.

① 부모와 자녀가 서로 존중해야 합니다.

부모가 선택하고 자녀들은 따라가는 형태는 주종 관계다. 또는 두 가지 중에서 택하라는 것도 자녀들을 힘에 굴복하도록 만드는 것이다. 자녀가 부모를 존중하는 것을 배우는 방법은 부모가 자녀를 존중해 줄 때에 삶으로 배우게 된다.

② 자녀의 일에 대하여 선택권을 줄 때에는 자녀의 욕구에 맞는 것을 우

선순위에 올려야 한다. 부모의 기대나 욕구는 자녀의 욕구보다 후 순위에 두어야 한다.

"응 네가 먹고 싶은 걸 시켜, 난 간짜장이 좋다고 생각하지만… → 이중 언어는 아이를 헷갈리게 만들고, 결국에는 자신의 욕구대로 하는 것이다.

③ 가족의 구성원으로서 기여할 수 있는 기회를 준다.

어린 자녀라면 플라스틱 칼로 요리에 필요한 채소를 썰게 한다. 초등학생 이라면 자기의 방을 스스로 꾸미도록 한다. 사춘기 자녀라면 가끔씩 세탁기를 돌리게 한다. 물론 칭찬도 더불어 해준다.

누구보다도 부모가 더 잘하는 것이지만, 자녀들이 참여하여 가족을 위해 수고하는 즐거움을 갖게 한다. 가족의 평안과 이익을 위해서 봉사할 수 있는 기회를 주는 것은 소속감과 함께 유능감을 키우는 방법이다.

4부
어른들을 위한 동화

쪽문을 열 수 없는 이유

옛날 어느 마을에 사슴과 토끼가 이웃으로 살고 있었습니다. 두 동물은 마당을 나란히 두고, 서로의 집을 쉽게 오갈 수 있도록 작은 쪽문을 만들어 두었습니다. 사슴과 토끼는 종종 만나 이야기를 나누고, 함께 시간을 보내며 다정하게 우정을 쌓아갔습니다.

그러던 어느 가을날, 토끼가 갑자기 사라져 버렸습니다. 사슴은 걱정이 되어 토끼의 집을 찾아갔습니다. 토끼는 집 안에서 나오지 않고 문을 열어주지도 않았습니다. 결국 사슴은 현관문을 두드리며 안부를 묻기로 했습니다.

"토끼야, 어디 있니? 무슨 일이 있는 거야?"

토끼는 안에서 조용히 대답했습니다. "사슴아, 미안해. 나는 박사학위를 위해 공부하고 있어. 그래서 예전처럼 자주 만날 수가 없어. 겨울이 오기 전에 해야 할 일도 많아서 만나기가 힘들어."

사슴은 아쉬웠지만 토끼의 말을 이해하기로 했습니다. 그러나 마음 한편으로는 그리움이 점점 커져 갔습니다. 사슴은 쪽문을 자주 바라보며 혹시나 토끼가 찾아오지 않을까 기대하며 하루하루를 보냈습니다.

겨울이 왔고, 쪽문에는 눈이 쌓여만 갔습니다. 사슴은 언제든지 토끼가 방문할 수 있도록 눈을 깨끗이 치웠습니다. 그러나 쪽문은 한 번도 열리지 않았고, 결국 한쪽에만 눈이 쌓여 쪽문은 얼어붙고 말았습니다.

사슴은 시간이 지날수록 토끼가 그리웠지만, 연락이 없는 토끼에게 서운함을 느끼기 시작했습니다. 그리고 세월이 지난 어느 봄날이 왔습니다. 사슴은 토끼가 박사학위를 마치고 강의를 다닌다는 소문을 들었습니다.

어느 날, 사슴은 마당에서 무성하게 자라난 나무를 가꾸기 시작했습니다. 이 나무는 사슴에게 새로운 위로가 되었고, 사슴은 나무를 돌보며 혼자만의 시간을 즐기게 되었습니다.

그 무렵, 토끼는 사슴의 마당을 지나가다가 우연히 아름답게 가꿔진 나무를 발견했습니다. 사슴은 그 나무 옆에서 조용히 콧노래를 부르며 나무를 다듬고 있었습니다. 토끼는 오랜만에 사슴을 보고 반가워하며, 쪽문을 통해 다가가려 했습니다.

그러나 쪽문은 열리지 않았습니다. 사슴의 마당은 깔끔하게 정돈되어 있었지만, 토끼의 마당 쪽은 무성한 풀들이 쪽문을 막고 있었습니다. 결국 토끼는 예전의 사슴처럼, 쪽문 너머로 사슴을 바라만 볼 수밖에 없었습니다.

그날, 토끼는 깨달았습니다. 사슴과의 우정이 더 이상 이전과 같을 수는 없다는 것을 말이죠. 토끼는 마음 한구석에 아쉬움을 품고, 다시 바쁜 일상으로 돌아갔습니다. 그리고 사슴은 혼자만의 시간을 즐기며 나무를 가꿔 나갔습니다.

당신이라면
이 글의 마지막을 수정하기를 원하시나요?
그렇다면 어떻게 수정하시겠습니까?

우물을 사랑한 토끼

옛날에 부지런하고 성실한 토끼가 살고 있었습니다. 그에게는 아끼는 샘이 하나 있었습니다. 숲 속의 동물들이 그 샘에 와서 물을 마시고는 항상 어지럽히곤 했습니다. 그럼에도 불구하고 토끼는 샘 주변을 청소하며 예쁜 돌로 장식하며 가꾸었습니다.

그런데 어느 날 사자가 샘물을 마셔보고는 떠나지 않고 밤낮 지키는 것이었습니다. 사자는 멀지 감치 떨어져서 샘물이 자기 것이니 물을 마실 때는 자기에게 선물을 가져오라고 했습니다. 이런 어처구니없는 상황에서도 숲 속의 동물들은 어쩔 수가 없었습니다.

숲 속의 동물들은 토끼를 위로했습니다. "어쩌면 좋니, 토끼야" 그런데 토끼는 뜻밖의 말을 했습니다. "샘은 원래 내 것이 아니었어요, 그리고 빼앗긴 것도 아니잖아"

토끼는 사자를 찾아갔습니다. 사자는 선물을 들고 오지 않은 토끼를 무시하며, 거들먹거렸습니다. 토끼는 말했습니다. "사자님, 제가 샘을 깨끗하게 관리해도 될까요?" 사자는 속으로는 화들짝 놀랐지만 겉으로는 놀란 기색을 하지 않았습니다. "그래, 그렇게 하고 싶다면 하도록 해" 토끼는 사자의 허락을 받고 너무 기뻤습니다.

이 소식을 들은 숲 속의 동물들은 토끼를 바보 같다고 생각했습니다. 토끼는 자기를 놀리는 숲 속의 동물들에게 이렇게 얘기했습니다. "난 이 샘을 사랑해 그리고 너희들도 이 샘을 사랑해 주면 좋겠어"

당신이라면
토끼의 행동에 대해서 어떻게 말하고 싶으세요?
당신도 토끼처럼 사랑하는 샘이 있나요?

깃털이 떨어진 공작

어느 동물원에 아름다운 공작이 있었습니다. 다른 새들과 어울려 있었지만 확실히 독보적인 존재로 많은 사람들의 사랑을 받았습니다. 맑은 가을이 지나고, 유난히 추운 겨울이 찾아왔습니다. 공작은 병에 걸렸고, 많은 깃털이 떨어졌습니다. 그럼에도 불구하고 아름다운 품격은 여전했습니다. 봄이 되어 많은 관람객들이 찾아왔습니다.

공작은 많은 깃털이 떨어진 자신의 모습이 볼품없다고 생각하고, 사람들 앞에 나서기를 주저했습니다. 그러나 공작은 자신을 비관하지 않았습니다. 공작은 자신의 어엿한 자태만큼은 소중하게 지키며, 다른 새들과 달리 흙 속에 뒹굴지 않았습니다.

그런데 어느 날 다른 동물원에서 거위 한 마리가 이사를 왔습니다. 거위는 공작의 기품 있는 모습을 보고 좋아하며 친하게 지내고 싶어 했습니다.

거위가 뒤뚱거리며 공작 앞으로 다가가면, 공작은 사뿐히 걸으며 피하는 것이었습니다. 공작이 거위로부터 멀어지고자 할수록 거위는 공작에 대한 마음을 더욱 키워갔습니다.

거위는 동물원에서 공작이 아름다웠고, 많은 사람의 사랑을 받았다는 말을 알게 되었습니다. 그날부터 거위는 공작에게 다른 새들이 떨어뜨린 깃털을 주워서 선물을 했습니다. 공작은 그런 행동을 하는 거위가 바보 같다고 생각하며, 더욱 멀리하고자 했습니다. 그럼에도 불구하고 거위는 하루도 쉬지 않고, 공작에게 깃털을 선물했습니다.

그러던 어느 날 거위가 보이지 않았습니다. 공작은 자기에게 선물을 주던 거위가 보이지 않자 궁금해졌습니다. 이리저리 소문을 찾아 알아낼 수 있었던 것은 거위가 죽었다는 것이었습니다.

공작은 거위가 자기를 위해 선물해 준 깃털을 몸에 꽂으며 하늘을 쳐다보았습니다.

당신 옆에 거위와 같은 존재가 있나요?
당신이 공작이라면 어떻게 했을까요?

싸우고 싶지 않은 곰

강가에 묵묵하게 자기 일만 하는 곰이 있었습니다. 곰은 성실하며 능력도 있었습니다. 곰은 부지런하고 기술이 좋았기 때문에 연어들을 마음껏 잡아 먹었습니다. 그런데 곰의 주변에는 곰이 잡은 연어를 뺏으려는 들개들도 있었습니다. 곰에 비해서 힘은 약하지만 입이 험악하고, 어떤 때는 떼로 달려 들어 곰을 위협하기도 했습니다. 그러나 곰은 들개와 다투기 싫어서 피하는 쪽을 택했습니다. 들개들은 무리를 지어서 여러 동물들을 위협했습니다.

곰은 충분히 연어를 먹었고, 살도 찌게 되었습니다. 그리고 들개들로 인한 잡음이 생기지 않기 위해서 굴에서 겨울을 나게 되었습니다.

곰은 겨울이 지나고 봄이 되면서 굴에서 나가기를 주저하고 있었습니다. 들개들로 인해서 또 어려움을 당하지 않을까 하는 염려가 생겼습니다. 곰은 점점 야윈 몸으로 굴속에서만 있었습니다.

그런데 굴 밖을 지나가던 박새가 굴 안으로 날아 들어왔습니다. 박새는 세상 밖의 소식을 알려주었습니다. 들개들도 여전하지만, 새로운 곰들이 나타나서 들개들과 전쟁을 하고 있다는 소식이었습니다.

이 소식을 들은 곰은 굴 속을 정리하기 시작했습니다. 그리고 곰은 굴 밖으로 한 발을 디디며 포효했습니다.

당신은 삶에서 들개를 만난 적이 있나요?
당신이 현재 살고 있는 굴은 어떤 곳인가요?

비버에게 유일한 휴식은
큰 비가 올 때 뿐이다

강가에 비버가 집을 짓고 있었습니다. 어느 해에 크게 물난리가 나서 집을 잃어버린 경험 때문에 항상 보수하는 것을 미룰 수는 없었습니다. 또 때때로 인간이 찾아와서 댐을 무너뜨린 적도 있었습니다. 새끼들이 자라나서 집을 떠났지만, 집을 보수하는 것을 멈출 수는 없습니다.

비버는 열심히 살면서도 마음 한 켠에는 소풍을 가고 있는 사슴 가족이 보였습니다. 사슴은 집도 없지만 가족들이 재잘거리며 행복하게 사는 것처럼 보였습니다. 비버는 자기의 삶에서 휴식이 필요하다는 것을 느꼈습니다.

그러나 휴식을 취할 수 없을 정도로 상류에서는 물이 계속 내려오고, 물살을 버티려면 든든하게 집을 수리해야 했습니다. 휴식을 미루고 집을 수리하고, 댐을 만드는 일에 집중했습니다.

어느 날 갑자기 폭우가 쏟아지지 시작했습니다. 강 상류에서 큰 물이 밀려오면서 댐이 흔들리기 시작했습니다. 집도 점점 쓸려나가기 시작했습니다. 비버는 집을 지키기 위해서 있는 힘껏 붙들었습니다. 그러나 집도 댐도 큰 물에 쓸려가 버렸습니다. 간신히 자기 몸만 건진 비버는 넋이 나간 상태였습니다. 그날 이후로 3일간이나 비가 더 쏟아졌고, 집과 댐의 흔적은 찾아볼 수 없었습니다.

그러나 비버는 다시 일을 시작했습니다. 자신의 운명을 받아들이고, 다시 나무를 주워서 기초부터 다시 만들기 시작했습니다. 먼저 댐을 만들어 충분히 물을 가두기 시작했습니다. 물이 차오르자 이제 집을 짓기 시작했습니다. 자연 속에서 살면서 반복된 일이지만 비버는 한 번도 낙심한 적이 없었습니다.

비버에게 휴식이란 큰 물이 내려와서 집과 댐을 가져가는 시간이 유일했습니다. 그럼에도 불구하고 비버는 오늘도 고단한 몸을 가지고 일을 합니다. 비버의 댐과 집이 완성되면 축하해 주러 오시기 바랍니다.

> 열심히 살아가는 당신에게 한 마디의 격려의 말을 해 주세요.
> 당신에게 고난의 시절이 있었나요? 어떻게 극복했습니까? 글로 써 보세요.

맺음말

심리상담사로서 내담자를 만날 때에 아쉬운 점이 하나 있었습니다. 상담 시간에만 한정된 시간적인 제약입니다. 물론 일주일 후에 다시 만났을 때에 자신의 통찰로 인하여 성장하는 부분이 있는 것은 사실입니다. 그럼에도 불구하고 내담자가 스스로 자신을 도울 수 없을까를 고민했습니다. 상담사와 내담자 간의 대화를 자신과의 대화하는 시간으로 연장할 수 있는 것을 찾은 것입니다.

심리 스트레칭은 내담자가 자신과의 대화를 이어나가면서 대안을 찾는 시간입니다. 내담자가 상담에 오기 전에는 부정적인 생각으로 혼란하기 때문에 상담을 요청한 것입니다. 그러나 심리 스트레칭을 시연하면서 스스로 배우게 됩니다. 부정적인 생각을 따라가지 않도록 편안한 자리를 택하고 자신을 지지하는 것만으로 휴식이 될 수 있습니다.

이 책을 출간한 것은 일반 독자들에게 도움이 될 수 있겠다는 마음이 들었기 때문입니다. 독자들도 다른 사람이 시연한 것을 따라 하면서 자신에게 적용할 수 있을 것으로 봅니다. 자신의 생각과 감정을 살피며 자신의 신념과 다른 생각과 감정을 경험함으로 변화의 기회를 가질 수 있기를 바랍니다.

마음근육을 키우는
심리 스트레칭

초판인쇄일	2024년 10월 18일
초판발행일	2024년 10월 18일
펴낸이	임경묵
펴낸곳	도서출판 다바르
주소	인천 서구 건지로 242, A동 401호 (가좌동)
전화	032) 574-8291
지은이	배한
기획 및 디자인	장원문화인쇄
인쇄	장원문화인쇄

ISBN 979-11-93435-11-3(03180)